Elles puisent à la Source de vie

Christine Benoit

Elles puisent à la Source de vie

La voix des femmes dans la Bible

empreinte
temps présent.

ISBN : 978-2-35614-118-7

Couverture/mise en page : Antonio Arroyo
Illustration de couverture : Antonello de Messine, *Vierge de l'Annonciation* (détail), Galleria Regionale della Sicilia, Palerme/Wikimedia Commons

www.editions-empreinte.com

À mes grands-mères

À ma mère

À mes filles

À mes petites-filles

et à toutes les femmes…

Une pensée particulière à Éliane

Sommaire

Préface

Au temps de la Bible, dans le Premier Testament, le peuple élu va vivre avec d'autres peuples qui croient en d'autres dieux. Cette rencontre des dieux respectifs des conquérants et des conquis, ces mariages entre hommes et femmes de pays et de cultures différentes vont donner lieu à deux attitudes opposées. Soit le choix de la fidélité à l'Alliance : le peuple élu méprisera les croyances des autres et ses hommes prendront pour épouses des femmes qui ne sont pas des étrangères. Soit le choix du cumul et de l'assimilation : les Israélites demanderont en plus aux autres dieux de leur accorder leurs bienfaits et bâtiront des sanctuaires pour les dieux de leurs épouses étrangères.

Qu'est-ce que la Bible ?

Si la Bible reste le livre « sacré » des religions juives et chrétiennes, elle est aussi à considérer comme une réponse aux interrogations de l'Homme : la création du monde, les lois universelles, les forces de la nature, la place de l'être humain dans ce monde, le sens de la vie et des épreuves, la mort et la question du salut. Ce questionnement est toujours d'actualité. Ce qui fait dire que la Bible est un livre vivant.

L'interprétation de ces écrits dépend à la fois des croyances du lecteur, de sa communauté religieuse éventuelle, du statut qu'il leur donne : religieux, mythologique, littéraire ou historique.

Avant d'être écrite, la Bible relevait de la tradition orale et ses récits très variés sont d'origine fort diverse. La Bible est plurielle.

Qui sont les femmes de notre récit ?

Ce livre met à l'honneur de nombreuses femmes citées dans la Bible. Elles sont présentées sous leurs différents visages :

L'ÉPOUSE, LA MÈRE : Au temps des origines, Dieu dit à Noé : « Croissez et multipliez, et remplissez la terre ! ». Il promet une grande descendance à Abraham : « Regarde le ciel, et compte les étoiles, si tu le peux… Telle sera ta descendance ». La femme qui donne la vie est donc valorisée par la maternité, car elle est porteuse de l'avenir du peuple hébreu. En général, ce sont les mères qui donnent le prénom des enfants, prénom qui marque leur destinée. Le nom de famille est celui du père, suivi de l'indication de la tribu. La mère est le symbole de l'amour. Symboliquement, le peuple d'Israël est une matrice ; pour l'ÉTERNEL, il est une épouse. Le thème de la stérilité est donc fortement évoqué.

LA VIERGE : Afin de garantir la paternité de l'époux et l'intégrité de la lignée, la femme doit être vierge, pure. Elle attire les fantasmes et la convoitise des hommes (Dina qui selon la culture de l'époque a bien cherché à être violée en sortant de la maison).

LA VEUVE : Lorsque la femme devient veuve et sans enfant, la loi du Lévitique impose au frère du défunt de devenir l'époux de la veuve afin de garantir une descendance à l'époux décédé afin que « son nom ne soit pas effacé d'Israël ». Lorsqu'elle n'a plus d'enfant, la veuve se trouve privée de moyens d'existence (la veuve de Naïn). De surcroît pèse sur elle un certain soupçon de malédiction divine.

LA FEMME DÉCHUE ET EXCLUE DE LA SOCIÉTÉ :

La femme impure : Il s'agit de la femme impure à cause de ses règles ou de son accouchement, de la maladie ou à cause de sa mauvaise conduite (adultère ou prostitution) ou encore la femme stérile.

La femme stérile : Les épouses des trois Patriarches sont frappées de stérilité. La fécondité donne un statut social et avoir un enfant c'est « être construite ». Au contraire, la stérilité attire la réprobation. En cas de stérilité, la femme peut choisir une concubine pour son époux. En réalité, ces femmes stériles sont l'instrument d'un projet plus vaste qui les dépasse. Elles donnent naissance à des enfants qui vont marquer l'Histoire. Et symboliquement, la stérilité est le reflet de la démarche intérieure de l'être humain. Elle montre un manque d'évolution, l'inaccompli et demande de changer quelque chose en soi et avec l'autre pour s'accomplir. Tandis que la femme est écartée de l'étude de la Torah, Jésus donne son enseignement aux femmes. L'apôtre des apôtres est Marie Madeleine.

La prostituée et la femme adultère : la Bible ne distingue pas toujours l'adultère de la prostitution. L'enfant adultérin ne peut pas se marier avec un ou une Israélite. Le peuple élu vivait au milieu d'autres religions qui comptaient des prostituées sacrées qui rendaient hommage par leur culte aux déesses de la fécondité et de l'amour. La femme adultère est lapidée. La prostituée, comme la femme adultère, est condamnée, mais pas les hommes qui les fréquentent. Jésus, lui, proclame une égalité homme, femme sur le plan éthique.

LA SÉDUCTRICE : La femme est souvent présentée comme tentatrice. Sa beauté est menaçante, car elle tente l'homme qui peut la violer pour assouvir les désirs qu'elle provoque en lui. (Tamar trop belle est violée par son demi-frère), mais elle peut vaincre l'ennemi en l'attirant vers elle (comme par exemple Yaël).

LA TRÈS BELLE : La beauté de la femme déclenche l'amour de l'homme et/ou la proposition de mariage (Jacob va devoir travailler 14 ans chez son beau-père pour épouser la très belle Rachel, Esther, juive, grâce à sa beauté va être choisie par le roi). Elle suscite aussi de nombreux fantasmes (Bethsabée qui suscite la convoitise de David alors qu'elle est mariée à l'un de ses soldats Urie le Hittite).

LA « TROP » BELLE : Même chaste, elle attire la concupiscence des hommes y compris des vieillards (Suzanne) mais elle sauve la vie de son mari qui la fait passer pour sa sœur (Sara, la femme d'Abraham, Rébecca, la femme d'Isaac).

LA « PAS » BELLE : Léa qui a des problèmes d'yeux ne trouve pas de mari, (strabisme, mauvaise vue ou allergie ? la Bible ne le précise pas). Son père va donc la marier à Jacob par ruse alors qu'il est amoureux de sa sœur Rachel. En revanche, alors que Rachel restera longtemps stérile, Léa lui donnera une nombreuse descendance. Elle attire la clémence de l'ÉTERNEL qui lui donne un statut reconnu de mère.

LA PÉCHERESSE : depuis Ève, la femme est représentée comme celle par qui le péché arrive. Ainsi, les femmes des évangiles sont souvent possédées par des démons comme Marie Madeleine, coupables d'adultère, de prostitution, en résumé d'immoralité. Mais ces femmes jugées par les hommes, qui oublient qu'il faut être deux pour commettre le péché de luxure, sont pardonnées par Jésus et surtout comprises. Jésus jette sur elles un autre regard que ceux qui les jugent avec facilité, un regard différent de la culture masculine de son temps. Il débat avec elles, comprend leur situation, leur souffrance et elles le comprennent.

L'ÉTRANGÈRE : Dans le Premier Testament, elle n'est pas dans la lignée si bien qu'elle est à la fois dangereuse par ses dieux et aussi exemplaire dans ses actes et sa conversion. L'étrangère représente celle par qui l'idolâtrie peut corrompre l'époux (Jézabel, Athalie). Elle est aussi celle qui peut aider le peuple élu face au danger (Rahab qui protège les espions hébreux). L'étrangère peut se convertir et croire en un Dieu unique (Ruth la Moabite qui suit sa belle-mère Naomi en Juda). Par la maternité, elle assure la descendance (Tamar la Cananéenne qui a un enfant avec son beau-père). Si la femme est stérile, elle n'hésite pas à envoyer, vers son époux, ses servantes afin qu'elles procréent à sa place.

Dans le Second Testament, le salut est universel (femme syro-phénicienne qui demande la guérison de sa fille, la Samaritaine qui donne à boire à Jésus).

L'INSOUMISE : Très belle, elle refuse d'être simplement un objet destiné à être admiré par les autres hommes selon le bon vouloir de son mari (la reine Vasti qui va être détrônée).

LA COURAGEUSE : Elle est l'héroïne, modèle de maîtrise de soi, qui prend des décisions pour combattre et tuer l'ennemi du peuple quand l'homme se montre poltron et faible (la juge Débora). Elle est la mère sans nom, modèle de toutes les femmes, qui invite ses fils à montrer du courage dans la torture. Elle est la femme qui a trouvé l'équilibre entre sa part féminine et sa part masculine. Celle qui a suffisamment confiance en Dieu pour ne pas faillir.

L'INTELLIGENTE : Elle raisonne pour se sortir d'une situation dangereuse dans laquelle son mari l'a mise (Avigaïl, femme de Naval qui refuse de payer David pour la protection de ses troupeaux).

LA PROPHÉTESSE : Elle fait figure d'autorité, car elle reçoit et transmet une parole divine. Comme Débora, elle peut être juge et prophétesse.

LA DISCIPLE ET L'APÔTRE : ces femmes qui suivent Jésus ont un rôle de transmission, car elles ont une écoute différente de celle des autres apôtres. Plus intuitives, plus ouvertes à un nouveau message, elles n'attendent pas un Messie qui serait vainqueur des Romains. Elles disposent d'une certaine autonomie financière. Elles lui sont fidèles jusqu'à la croix et seront les témoins de sa résurrection.

Laissez-moi vous conter leur histoire

J'ai utilisé la première personne du singulier afin d'inviter le lecteur, quel que soit son genre, à habiter chacune de ces femmes comme je l'ai fait avant lui. J'ai souhaité m'imprégner de leur histoire, de leurs émotions, de leur foi, de leur bravoure… pour les rendre encore plus présentes au lecteur dans cette traversée des âges.

Ce qui caractérise ce livre, c'est en premier lieu la transmission d'une histoire trop souvent méconnue qui raconte les passions humaines, les guerres, les ruses, les meurtres, les viols, la sodomie, l'adultère... Il n'y a pas une manière unique d'interpréter l'histoire de ces femmes. En vous les transmettant, j'ai conscience que mes récits sont empreints de ma culture, de mon époque, tout comme le conteur dans sa manière de dire une histoire y met aussi ses croyances et ses émotions.

La violence d'hier peut déranger, pourtant elle interroge la violence d'aujourd'hui. Elle pose la question des instincts primaires de l'Homme qui l'empêchent de grandir en humanité. Comme le fœtus se retourne dans le ventre de sa mère pour se préparer à vivre en dehors, l'Homme doit faire le chemin inverse. Il doit transmuter sa violence en une énergie de vie consciente pour s'accomplir en dedans c'est-à-dire dans son essence, sa nature profonde.

C'est pourquoi, en deuxième lieu, ces récits sont une invitation à penser l'égalité de l'homme et de la femme dans la vie quotidienne, mais aussi sacerdotale. Ils peuvent prêter sens à celle et celui qui entrent en résonance avec leur mystère. La tradition n'est pas semblable à un vieillard moraliste attaché à un passé disparu, elle est vivante dans le présent et tournée vers l'avenir grâce à celui qui la reçoit, lui répond et la transmet à son tour.

Enfin, que le lecteur ne voie pas dans ce livre une revanche de la femme sur l'homme pour l'avoir déclarée fautive dans le jardin d'Éden ! Le féminin et le masculin n'ont pas à se combattre, mais à se compléter et à s'unir. Ce livre veut restaurer l'image de la femme parfois décalée par rapport à son rôle réel dans la Bible. Une image donnée à une certaine époque pour des motifs différents, mais qui aujourd'hui n'a plus lieu d'exister.

Ève, mère de l'humanité

Lorsqu'Élohim créa l'être humain, il le fit à son image, féminin et masculin. L'Homme était créé, différencié du Créateur, mais encore indifférencié avec son autre côté. Créer, séparer puis relier, telle fut l'œuvre du Créateur. Car coupé de lui-même, Adam ne pouvait s'accomplir. Élohim le fit tomber dans le sommeil afin qu'il puisse voir son autre côté. Adam vit *Ishsha*, le féminin de l'homme et le masculin *Ish*.

Depuis le début des temps, moi, Ève, je représente l'archétype de la convoitise et de la tentation par qui l'humanité a été déchue, chassée du paradis. Il n'en est rien.

C'est le féminin de l'Homme qui fut séduit et trompé par l'animal le plus rusé de tous les animaux des champs créé par l'ÉTERNEL. Dans le jardin en Éden, lieu de jouissance, l'Homme pouvait manger de tous les arbres sauf celui de la connaissance.

Un jour, le serpent m'adressa la parole à ce sujet : « Dieu a-t-il dit que vous ne mangerez pas de tout arbre du jardin ? » Cette question posée de cette manière et à l'improviste me décontenança. Le serpent m'obligeait en reformulant l'interdit à porter un jugement et à situer l'arbre de la connaissance. Mais comment le reconnaître, car c'est en le mangeant que l'Homme allait mourir ? Tous les arbres étaient beaux et bons. Je m'entendis lui répondre en regardant le séduisant et précieux arbre de vie que « nous pouvons manger du fruit des arbres, mais ni toucher, ni manger du fruit de l'arbre qui est au milieu du jardin ». Le serpent me fit entrevoir une autre réalité en démentant la parole de l'ÉTERNEL et en me dévoilant le secret de la connaissance. Insinuait-il que le Créateur n'était pas aussi bienveillant que je le croyais ?

Le doute germa en moi. Et les mots du serpent m'invitèrent à rêver à un bonheur absolu, sans limites. Manger le fruit défendu « ferait de nous comme des dieux ». Nous obtiendrions la connaissance, source d'émerveillement. Retors ou initiateur, le serpent ? Je ne savais pas. Dans mon innocence, je compris que si l'interdit était dépassé, rien ne ferait plus obstacle à la limite imposée. L'intelligence promise consistait-elle à passer de l'état de créature à celui de créateurs ? Cette idée était attirante. Nous allions pouvoir choisir notre destinée et agir avec clairvoyance. Je goûtai le fruit. Dans le but de partager l'éveil promis, j'en donnai un à Ish. Il l'accepta.

Lorsque notre conscience s'ouvrit, nous comprîmes que nous étions deux. Instinctivement, nous cousîmes des feuilles de figuier pour en faire des pagnes, car notre nudité révélait notre connaissance. Lorsque nous entendîmes les pas de Dieu, nous nous cachâmes. Mais Dieu invisible, ineffable, infini savait.

Je fus décontenancée par ce qui suivit.

Devant l'ÉTERNEL, j'entendis le masculin fuir ses responsabilités. Pour se défendre, il s'érigea aussitôt en juge. Il osa accuser l'ÉTERNEL de m'avoir mise auprès de lui. Puis, il m'accusa de lui avoir donné le fruit.

J'étais troublée par son attitude. Aussitôt, je reconnus m'être comportée comme lui. J'avais accusé le serpent de m'avoir trompée si bien que j'atténuais ma responsabilité. Nous croyions avoir acquis le discernement, mais c'est la dualité que nous avions créée. Dans l'épreuve, l'Homme séparé de lui-même se projetait dans le monde extérieur, en créant des ennemis.

Quant au serpent, qui nous avait séparés de Dieu, il fut maudit et puni. Il perdit ses membres et fut condamné à ramper et à manger dans la poussière. L'ÉTERNEL annonça qu'il aurait la tête écrasée par la descendance de la femme. Dieu ne m'avait donc pas condamnée, en donnant au féminin le pouvoir de combattre le mal.

Adam ne se trompa pas en me nommant Ève, qui signifie « la vie » ou « la vivante ». De quoi m'étais-je rendue coupable ? D'incarner le monde des vivants ?

Cette désobéissance serait-elle l'héritage de la condition humaine ? Que resterait-il dans la mémoire des générations à venir : la faute, la condamnation de l'ÉTERNEL ou la possibilité donnée à l'Homme de créer son monde, de naître à lui-même par ses choix ? L'ÉTERNEL, dans son amour, avait donné la liberté à l'Homme. En quittant cette vie paradisiaque qui organisait tout sans aucun effort de sa part, l'Homme avait gagné la possibilité de créer sa vie. En contrepartie, sa création allait lui demander des efforts.

La perte du paradis serait-elle un processus lent et irréversible qui conduirait l'humanité vers le matérialisme et la mort spirituelle ? Ou le chemin inverse qui la conduirait vers Dieu en remontant l'Arbre de vie ? Un Dieu voulu, un Dieu à retrouver en soi, désirant son Bien-aimé pour reformer le Un accompli.

Sara, mère du peuple d'Israël

Nos accordailles, célébrées par de somptueuses réjouissances et un grand festin, eurent lieu à Ur, ville de la Lumière. Mais pour mon malheur, aucun enfant ne fut brodé dans mon sein. Mes espoirs balayés à chaque pleine lune pleuraient sur ma terre aride. Le jour, je sentais peser sur moi le lourd fardeau de la stérilité. La nuit, des vents violents semblaient déraciner la vie qui aurait voulu poindre en moi. Mon royaume intérieur restait inhabité. Je ne portais dans mes entrailles qu'une immense douleur. Le futur se dessinait dans le silence de la maison d'un couple âgé.

À la mort de notre père Tèrah, nous quittâmes Harân en compagnie de Loth, le neveu de mon mari Abram. Un déracinement à l'appel de l'ÉTERNEL. Quitter notre pays, notre famille, notre maison, le statut du nom de notre père. Telle était sa demande. La confiance d'Abram dans sa parole fut aussitôt mienne. Nous partîmes sur les chemins de l'espérance avec nos gens, nos troupeaux et tous nos biens. Mon regard fixait une immense étendue de sable d'un brun jaunâtre monotone. Désormais, notre nouvelle terre n'était plus derrière, mais devant. La terre de Canaan. Sur le chemin ardu, je gardais dans mon cœur les Paroles de l'ÉTERNEL à Abram. Un pays, un grand peuple. Cet exil était-il le chemin obligé vers la fécondité ? Sur un sol chaud et un soleil ardent, nous marchions de point d'eau en point d'eau pour atteindre ce là-bas. Promesse de renouveau et de bénédiction.

Lorsque nous atteignîmes Sichem, dans la montagne d'Éphraïm, nous découvrîmes que la terre était déjà occupée par les Cananéens et leurs dieux. Sur les collines poussaient des vignes, des figuiers et des dattiers. Mais l'ÉTERNEL apparut à Abram l'assurant qu'il allait donner ce pays à sa postérité : « Tu seras père d'une multitude ». Hélas, à peine fûmes-nous arrivés que la sécheresse fut sévère. Le spectre de la famine nous poussa à descendre en Égypte, lieu de refuge grâce aux bons pâturages qu'entretenaient les inondations du Nil. Nos âmes étaient abattues. La Promesse s'éloignait-elle de nous ?

Mon époux appréciait et louait ma beauté. À notre arrivée en Égypte, il eut l'idée d'utiliser la convoitise des regards masculins pour sauver sa vie. Il me pria de me faire passer pour sa sœur. On ne tue pas le frère d'une femme désirée. Une sœur est une femme que la famille peut donner en mariage. Le spectre de sa mort me fit accepter sa requête, bien qu'il me coûtât de dissimuler que je fusse son épouse. Ce n'était qu'un demi-mensonge ou une demi-vérité. Nous avions le même père, pas la même mère. Et n'étions-nous pas frère et sœur en humanité ? C'est ainsi qu'il me présenta au pharaon. Abram reçut de lui des brebis, des bœufs, des ânes, des serviteurs et des servantes, des ânesses et des chameaux. Mais apprenant la vérité, Pharaon renonça à me prendre et me rendit à Abram. Notre couple fut à nouveau formé.

Notre chemin reprit jusqu'au désert du Néguev. Nous déployâmes nos tentes à la chênaie de Mamré près d'Hébron tandis que Loth choisissait de s'installer dans les riches plaines du Jourdain. L'ÉTERNEL promit à Abram une descendance innombrable. Cette annonce me brisa le cœur. Suscita de la colère. J'étais non seulement stérile, mais désormais âgée. Jeune, j'avais lu chaque mois l'interrogation muette sur les visages et vécu l'humiliation. Désormais, mon âge m'épargnait les regards, pas les remarques. La détresse de ne pas être mère ne s'était jamais refermée. Et voilà que désormais, source tarie, je mettais en péril le projet de descendance de l'ÉTERNEL. La culpabilité me rongeait. Je regardai à mon tour le ciel, tentai de dénombrer les étoiles pour imaginer la nation nombreuse dont Abram serait le père. Cette nouvelle promesse divine me dépassait. Je n'étais qu'un ciel noir. Si je ne pouvais pas enfanter, Abram devait regarder d'autres cieux.

Conformément à la loi, je présentai Hagar, ma servante égyptienne à mon époux. Le cœur serré j'encourageai celui-ci : « Voici que Le Saint Nom m'a empêchée d'avoir un enfant. Va donc vers ma servante, peut-être que par elle tu auras un fils ». Dès qu'elle fut enceinte, nos relations changèrent. Nos rôles respectifs de maîtresse et servante furent gommés par sa maternité. Elle pensa en tant que mère avoir gagné le pouvoir sur l'épouse stérile. Je ne la laissai pas faire. Je me défendis. Elle s'enfuit.

Lorsqu'elle revint, elle me rapporta qu'alors qu'elle se désaltérait, un messager divin lui avait demandé de retourner auprès de moi. Il lui avait annoncé qu'elle portait un fils qui s'appellerait Ismaël (Dieu entend). L'ÉTERNEL avait entendu sa détresse. Je l'accueillis avec une plus grande douceur.

Puis, L'ÉTERNEL établit son alliance avec Abram qu'il appela désormais Abraham, père de multitude. Je devins Sara et non plus Saraï.

Au plus chaud d'un jour, trois visiteurs se tinrent près d'Abraham. Ce dernier me demanda de faire des galettes pour accompagner le veau servi avec du lait et du caillé. Ils mangèrent à l'ombre de l'arbre près de la tente où nous habitions. Quelle ne fut ma surprise lorsque j'entendis l'un de ces visiteurs annoncer qu'il reviendrait l'an prochain et qu'à ce moment-là j'aurai un fils. Alors je ris, ni par moquerie ni à cause de la plaisanterie. J'étais vieille et mon mari était vieux. L'impossible dans la jeunesse allait-il devenir possible dans la vieillesse ? Il m'en fit le reproche : « Pourquoi ris-tu ? ». En écoutant le son de sa voix, un frisson me parcourut l'ensemble du corps. Je démentis. Mais je sus que mon rire avait libéré la vie en moi.

À la lueur d'un jour nouveau, je conçus un fils comme promis. Né par la grâce divine et dans une joie profonde, le nom d'Isaac (que Dieu rie) lui fut donné. À l'âge de trois ans, il fut sevré. Abraham fit un grand festin pour fêter l'événement.

De voir Isaac jouer et rire avec Ismaël me fit entrevoir un avenir sombre. Que deviendrait le pays avec deux fils ? Qui serait l'héritier ? Le fils aîné d'une servante étrangère ou celui d'une épouse de la lignée familiale ? Seul Isaac pouvait prétendre légitimement au titre et aux droits d'héritier légitime, pas le fils d'une servante. Il était le seul par lequel Abraham pouvait avoir une descendance de son nom. En accord avec ma vision de l'avenir, Abraham renvoya Hagar et Ismaël. Et cela était juste. L'alliance perpétuelle se poursuivrait.

Hagar, mère d'Ismaël

Nous étions au pays de Canaan depuis dix ans lorsque Saraï, stérile, me persuada de m'unir à son époux pour lui donner une descendance. Dès que j'attendis l'enfant d'Abraham, nos relations changèrent. De maîtresse, elle devint ma rivale. Sans cesse, ses yeux fixaient mon ventre. Ses exigences augmentèrent. Plus rien ne la satisfaisait. Je portais l'enfant qu'elle voulait avoir depuis des années. Même si je comprenais sa tristesse, je ne supportais plus le parfum amer de sa jalousie. Elle répétait sans cesse que je la négligeais. Un jour, une idée. Partir pour ne plus souffrir. Rejoindre mon pays, la belle Égypte, terre de sollicitude. L'idée m'habita plusieurs jours.

Je me laissai doucement glisser vers le désir de mon cœur. Un matin, je partis, sans me retourner. La lumière était douce. Le silence béni. Sur le chemin de Shour, entre Qadesh et Béred, je m'arrêtai pour me désaltérer. Soudain, je sursautai. L'ange de l'ÉTERNEL se dressait devant moi. Il m'ordonna de retourner chez ma maîtresse. Il m'annonça que je portais un fils qui ne connaîtrait pas l'oppression de la servitude. Je lui donnerai le nom d'Ismaël, car l'ÉTERNEL avait entendu ma détresse. Le cœur apaisé, je pris le chemin du retour.

Premier-né d'Abraham, l'enfant était là. L'enfant chéri buvait à mon sein. Toi, mon enfant. Mon bien-aimé. Puis tes premiers pas. Tes premiers jeux. Enfin, le rire avec Isaac, scruté par Sara qui nous chassa définitivement de ce pays. Les voir ensemble, comme des frères ou des rivaux, l'avait sans doute conduite à penser à l'avenir.

Je pris le pain et l'outre d'eau donnés par Abraham. Et nous partîmes, toi et moi, pour ne plus revenir. Ta petite main confiante dans la mienne affligée. Ton rire joyeux dans l'innocence de ton âge. Mes pas lourds d'une honte nouvelle. Répudiée. La terre plus forte dans sa loi que le ciel dans sa protection divine. Que m'était-il possible d'espérer ?

Dans la chaleur du désert, je n'eus soudain plus d'eau. Ton visage se couvrait peu à peu des voiles de la mort. Moi qui t'avais donné la vie, je refusais de la voir déserter comme une lâche aux pas discrets. Je te posai délicatement sous un buisson : « Dors mon enfant. Je vais chercher de l'eau ».

Mais voici que se manifesta l'ange de l'ÉTERNEL. J'entendis sa voix : « Ne crains rien. Soulève l'enfant, car j'en ferai une grande nation ». C'est alors que j'aperçus un puits. L'ÉTERNEL, pour la deuxième fois, m'avait entendue. Je n'étais pas seule. Je ne le serai jamais plus.

J'étreindrai cette terre nouvelle, je la chérirai à mon tour. Tes enfants, Ismaël, pourront perpétuer la flamme du Très-Haut, du Miséricordieux. Et chanter ses louanges.

Rébecca, femme d'Isaac

Ma cruche sur l'épaule, je me rendais au puits comme chaque soir, chercher de l'eau. Lorsque j'eus fini de remplir ma cruche, un homme me demanda de lui donner à boire. Lorsqu'il fut désaltéré, je songeai que ses chameaux avaient l'air aussi assoiffés que leur maître. Je vidai le reste de ma cruche dans l'auge et courus une nouvelle fois puiser de l'eau. Lorsque l'auge fut pleine, l'homme m'interpella. Je revins vers lui. Il prit alors un anneau d'or qu'il mit à mes narines, et à mes bras deux bracelets d'or. J'étais stupéfaite. Un cadeau aussi somptueux pour de l'eau ? Devais-je accepter ? Tandis que je réfléchissais, il me demanda : « De qui es-tu la fille ? Y a-t-il de la place chez ton père pour que nous passions la nuit ? » Lorsque je lui répondis que j'étais la fille de Betouël, il se prosterna et loua l'ÉTERNEL. J'étais de plus en plus intriguée. Lorsqu'il m'annonça que son maître était Abraham, je compris davantage sa générosité.

En chemin, quand mon frère Laban entendit mon récit, il invita le serviteur à le suivre. À notre arrivée dans la maison, il lui offrit de l'eau ainsi qu'à ses hommes pour se laver les pieds. Puis, il s'occupa des chameaux. Il leur donna de la paille et du fourrage. Lorsque tout fut fait, Lacan invita le serviteur à manger. Mais il refusa.

Il voulait avant toute autre chose raconter la mission dont Abraham l'avait chargé : « Isaac, fils d'Abraham, est en âge de prendre femme. Abraham a du petit et du gros bétail, de l'argent et de l'or, des serviteurs et des servantes, des chameaux et des ânes. Il a transmis tous ses biens à son fils. Il m'a chargé de lui rechercher une épouse de son pays natal, car il ne veut pas d'une Cananéenne, impure et idolâtre. L'ÉTERNEL lui a promis qu'il donnerait à sa descendance le pays que nous habitons désormais. J'ai pris de la nourriture, des hommes, dix chameaux et je suis parti. Je me suis installé à côté du puits à l'heure où les femmes sortent pour puiser de l'eau. J'ai mis mon espérance dans la main de l'ÉTERNEL et dans ce puits de rencontre. En mon for intérieur, j'ai pensé que la jeune fille qui aurait la générosité de me donner à boire ainsi que le courage d'abreuver mes chameaux serait l'élue. Et si elle ne voulait pas me suivre, je serais quitte de mon serment. » Il se tut.

Le silence qui suivit ne semblait pas le tourmenter. De savoir que j'étais de la lignée d'Abraham renforçait sans doute sa conviction que la providence avait fait le bon choix. Je pensais, moi aussi, que l'ÉTERNEL avait veillé à notre rencontre. Mon père et mon frère aussi. D'une seule voix, ils confirmèrent mon ressenti et donnèrent leur accord.

Le matin, le serviteur désira repartir. Mon frère et ma mère sollicitèrent un délai d'une dizaine de jours. Comme le serviteur insistait, ils me demandèrent mon avis. J'acceptai de partir sur le champ. Tant de coïncidences n'étaient-elles pas guidées par la main du destin ? Je préparai rapidement mes affaires et me hissai sur un chameau. Nous prîmes aussitôt la route, accompagnés de ma nourrice.

À notre arrivée au pays du Négeb à la tombée du soir, je vis un homme au loin se diriger vers la caravane. Je m'enquis auprès du serviteur de son identité. « Il s'agit d'Isaac », me répondit-il le sourire aux lèvres. Ses yeux irradiaient de fierté. Il avait rempli sa mission. Je pris mon voile et me couvris. Dès qu'Isaac s'approcha de moi, je sus qu'il était celui que j'attendais. Puis, il me conduisit sous la tente de sa mère. Dans la douceur de la nuit, il loua ma beauté évoquant ma ressemblance avec sa mère décédée. J'étais sa consolation. Il m'aima. Moi aussi. Nous avions tout pour être heureux.

Mais pour mon malheur ma ressemblance avec sa mère ne s'arrêtait pas là. Comme Sara, je demeurais stérile. Comme elle, je vivais le désespoir de me voir refuser la joie de concevoir un enfant. Alors comme son père avait jadis imploré l'ÉTERNEL, mon époux l'implora pour que je porte sa descendance. « Quand je prie, réponds-moi, écoute ma prière ». L'ÉTERNEL l'entendit, je fus comblée.

Bien que ce fut ma première grossesse, je constatais que mon ventre s'arrondissait de manière inhabituelle. Les coups de pied de l'enfant me laissaient meurtrie. Mon ventre n'était qu'un champ de bleus, dévasté par les traces profondes d'un troupeau nerveux. Alors que j'avais tant prié pour avoir cet enfant, je priais maintenant pour que cette tempête intérieure s'arrêtât. J'étais à bout de force. Dans ma prière, j'appris que je portais deux nations en mon sein. Deux peuples qui se sépareraient. Des jumeaux. Déjà rivaux. Un peuple dominerait un autre peuple. L'aîné servirait le cadet. Mes émotions se colorèrent en un vaste arc-en-ciel, de la joie à l'inquiétude, de l'euphorie à l'angoisse.

Quand vint le temps des couches, on appela Ésaü, notre premier-né. Le second, Jacob, qui tenait dans sa main le talon de son frère. Les jumeaux naquirent aussi différents que le jour et la nuit. Le temps creusa l'écart. Tant par leur physique que leur personnalité. Ésaü était aussi roux et velu que Jacob était brun et imberbe. Le premier, une force de la nature toujours en mouvement, le deuxième fluet et toujours calme. Ésaü courait la steppe et devint un habile chasseur. Jacob restait tranquillement sous la tente.

Un jour, Ésaü rentra terriblement affamé. Avait-il couru la campagne ou avait-il travaillé la terre ? Une chose était certaine, il avait faim. Jacob cuisinait. Ce que j'entendis dépassa mon entendement. Jacob, calme et doux comme un agneau négociait la soupe de lentilles et du pain contre le droit d'aînesse de son frère. Si cet odieux marchandage me choqua, la réponse d'Ésaü me coupa le souffle : « À quoi me servirait un droit d'aînesse, si je meurs de faim ? Je te vends mon droit contre un repas. J'en fais serment », répliqua-t-il. Mes fils n'avaient-ils donc aucun sens du sacré et du devoir ? Autant dire que je n'approuvais ni la manière de se comporter de Jacob ni le peu de considération d'Ésaü pour son droit d'aînesse. Comment pouvait-il échanger un héritage spirituel contre un repas ? J'ignorais encore combien cette conversation allait guider mes choix futurs.

Lorsqu'Ésaü prit pour femmes des étrangères, cela fut pour son père et moi un sujet d'amertume.

Loin de moi l'idée de chercher à justifier ce que je fis ; je pris simplement conscience que ce que je croyais être un choix personnel n'était en fait que l'accomplissement du destin de mes fils. Par sa conduite profane, en rejetant son droit d'aînesse, Ésaü avait prouvé qu'il n'était pas apte à recevoir ce qui vient de plus haut. Et qu'importe qu'il soit né le premier, il ne s'agissait pas d'un héritage matériel, mais de la poursuite de l'héritage spirituel d'Abraham. Jacob avait compris bien avant moi que son jumeau préférait l'action, les plaisirs de la vie à cette mission. Si bien, qu'à ses yeux il lui incombait de prendre sa place. L'aîné devait servir le cadet. Ce qui avait été annoncé devait se réaliser.

Isaac, très âgé, ne voyait plus. Sentant venir sa mort, il demanda à Ésaü de partir chasser du gibier avant de lui donner sa bénédiction. Ésaü prit ses armes, son carquois et son arc pour offrir à son père un dernier repas qui lui fasse honneur. Dès qu'il fut parti, je donnai l'ordre à Jacob de m'apporter deux beaux chevreaux. Je l'assurai que je les préparerai selon le goût de son père afin qu'il le bénisse avant de mourir. « Si père ne voit pas, lorsqu'il va me prendre dans ses bras pour me bénir, il comprendra la supercherie. Et j'attirerai sur moi sa malédiction au lieu de sa bénédiction », argua-t-il avec justesse. Je lui donnai l'ordre de m'obéir et de ne pas s'inquiéter. Il me rapporta les deux chevreaux demandés. Je les cuisinai à la manière qui plaisait tant à mon époux. Lorsque le plat fut prêt, je recouvris les bras et le cou de Jacob avec la peau des chevreaux. À ma demande, il mit les habits de son frère puis se rendit auprès de son père. Isaac s'étonna du retour rapide de la chasse d'Ésaü et du son de sa voix. Il avait l'impression d'entendre celle de Jacob. Lorsqu'il tâta les bras velus de son fils, ses doutes semblèrent se dissiper. L'odeur de ses vêtements le rassura, une odeur de champ fertile à nulle autre pareille embaumait autour de lui. Il le bénit et mangea.

Lorsqu'Ésaü fut de retour, je le vis se précipiter vers son père pour lui apporter son plat de chasse. Isaac, perdu de se voir apporter une nouvelle fois un plat, demanda à l'homme face à lui de décliner son identité. Lorsqu'Isaac comprit que Jacob l'avait dupé, il le relata aussitôt à son fils aîné. Ésaü saisit qu'il avait non seulement perdu son droit d'aînesse, mais aussi la bénédiction de son père. Les paroles ne pouvaient pas être reprises. Il hurla de douleur. Pourtant, il garda le silence sur l'échange de son droit d'aînesse pour un repas. Puis il supplia son père de lui accorder malgré tout sa bénédiction. Isaac lui répondit : « L'ayant établi comme maître, donné tous ses frères comme serviteurs, pourvu de la rosée du ciel, de gras terroirs, de froment et de vin, que pourrais-je faire pour toi mon fils ? ». Je devinais sa colère et sa tristesse. Même si j'avais agi selon la volonté du Très-Haut, mon cœur de mère se serra de douleur lorsque j'entendis ses pleurs. Touché aussi par le désarroi de son fils, Isaac lui accorda sa bénédiction :

« Vois, hors du gras terroir sera ton habitat et loin de la rosée qui est au ciel. De ton épée tu vivras, tu serviras ton frère, mais, par ta vie errante, tu briseras son joug de dessus ton cou. »

Son cœur blessé devint dur comme de la pierre, aussi sec que le désert. Je lus dans ses yeux toute la haine qu'il portait désormais à son frère. Lorsqu'on me rapporta qu'à la mort d'Isaac, Ésaü avait conçu le plan de tuer Jacob, j'implorai ce dernier de partir chez mon frère Laban. Bien qu'il m'en coûtât, je savais que c'était la meilleure solution. Je ne voulais pas perdre mes deux fils, l'un assassiné, l'autre assassin. De plus, je ne voulais pas qu'il puisse épouser une fille de Heth qui le détournerait de l'ÉTERNEL. Son voyage serait semblable à celui du serviteur qui était venu me chercher. Son devenir était là-bas, vers les femmes de ma parenté.

Rachel, matriarche du judaïsme

Ce jour-là, la terre couleur d'or et de feu respirait les rayons du soleil. Je menai le troupeau vers le puits afin que les bêtes puissent s'abreuver. Les autres bergers étaient déjà arrivés. Ils attendaient que toutes les bêtes soient là avant de rouler la pierre posée sur la bouche du puits. Lorsque j'arrivai à leur hauteur, je les entendis dire à un inconnu que j'étais la fille de Laban. L'homme en question m'embrassa puis fondit en larmes. Il se présenta enfin à moi. La douceur de ses yeux transperça mon cœur. Une joie insolite naquit en moi. Une petite voix chantonnait dans ma tête, « Je veux t'aimer toujours ». Je courus informer mon père, non de ce tendre refrain, mais de l'arrivée de son neveu, Jacob. Les deux hommes se serrèrent dans les bras. Une fois dans la maison, Jacob raconta son histoire. Il resta vivre chez nous.

Depuis un mois, Jacob travaillait pour mon père. Je voyais à ses regards son doux penchant pour moi. Et les miens lui répondaient en écho. Lorsque mon père proposa une compensation pour son travail, car il refusait d'être secondé pour rien, Jacob accepta. En échange je deviendrai sa femme. À ses mots, mon cœur explosa de joie. Je ne m'étais pas méprise. J'étais aimée en retour. La durée imposée par mon père avant d'être la femme de Jacob m'importait peu. J'étais très jeune. Ce temps avait du bon. Il laissait aussi à ma sœur aînée la possibilité de se marier même si ses yeux pouvaient en décourager plus d'un.

Jacob vivait près de moi et j'étais sa promise. Le chemin de ma vie se traçait sous des cieux propices. J'avais hâte de le parcourir avec lui.

Les nuits, les jours, les saisons et les années se succédèrent. Sa douce présence dans la maison familiale gommait mon impatience. Jacob m'assurait que ces années étaient à ses yeux comme quelques jours tant il m'aimait. Ainsi, lorsque le délai fixé arriva à son terme, Jacob demanda à mon père de tenir sa promesse. Il accepta et réunit tous les gens du lieu pour un banquet. J'étais folle de joie et je me préparai.

Mais voici qu'au soir, mon père prit ma sœur Léa et la conduisit à Jacob. Le visage de Léa dissimulé sous un voile opaque fit croire à mon bien-aimé qu'il m'épousait. L'usage voulait que la fille aînée se marie en premier. Au nom de la tradition, ma sœur allait épouser Jacob. Celui-ci, heureux de l'union qu'il croyait consommer avec moi, ivre d'amour et de vin, ne s'aperçut de rien. Mon rusé de père avait misé sur l'aveuglement de l'amour, sur le moment tant attendu par Jacob pour se jouer de lui. Le désespoir balaya tous mes rêves avec la force du vent. J'en voulais à la loi, à mon père, à ma sœur, à la terre entière. Je maudissais le ciel de m'avoir fait naître en second. Ma sœur allait s'endormir dans les bras de mon bien-aimé. Le bonheur s'enfuyait comme un malpropre, laissant dans mon cœur une blessure béante. La nuit n'apaisa ni la colère ni la jalousie qui me rongeaient.

Le jour leva le voile de l'illusion. Ma tristesse était telle que je ne voyais pas la beauté de la lumière qui inondait la plaine. Jacob se dirigea vers mon père : « Que m'as-tu fait là ? Ne t'ai-je pas servi pour Rachel ? Pourquoi m'as-tu trompé ? ». Mon père lui énonça calmement les explications qu'il m'avait données la veille. « Ce n'est pas la coutume chez nous de donner la cadette avant l'aînée. Achève la semaine de noces de celle-ci et l'autre te sera aussi donnée pour le service que tu feras encore chez moi pendant sept autres années. »

Jacob acheva sa semaine de noces et me prit pour femme. Il travailla encore sept autres années. Sept années qui ne ressemblèrent guère aux précédentes. Je n'attendais plus Jacob, mais le fruit de nos amours qui ne venait pas. Si Jacob m'aimait profondément, seule Léa lui donnait des enfants. Elle savait que j'étais la préférée, mais lui donner des fils faisait d'elle une femme respectable. Elle en mit au monde quatre : Ruben, Siméon, Lévi, Juda. Désespérée, je reprochai à Jacob de ne pas me donner d'enfants. Il s'emporta : « Suis-je, moi, à la place de Dieu ? Lui qui n'a pas permis à ton sein de porter son fruit ! ». Il avait raison. J'étais la seule responsable. Je l'aimais tant et j'avais si peur de le perdre que je fis ce que d'autres avaient fait avant moi : je lui donnais ma servante pour femme. J'avais entendu dire qu'aider une femme à accoucher permettait de bénéficier de sa fécondité. Elle nous donna deux fils : Dan et Nephtali. Renchérissant, Léa en fit autant. Et sa servante conçut deux fils : Gad et Asher. Nous passions notre temps à nous disputer la faveur de Jacob. Et si je restais sa préférée, Léa lui donna encore deux fils : Issakar, Zabulon et une fille Dina. Alors que Jacob avait désormais de nombreux enfants, je fus surprise de me découvrir enfin enceinte. J'eus un fils que je nommai Joseph. À chaque enfant, le nom donné avait une signification. Joseph signifiait « il ajoutera, fera croître ». Comme le voulait la coutume, il fut baigné dans de l'eau, frotté avec du sel pour le fortifier et enveloppé de langes. J'étais comblée. Puis tout bascula.

Si Jacob avait dû se plier aux règles de mon père pour me prendre pour femme, il n'avait rien oublié : ni sa duperie ni ses quatorze années de labeur. C'est grâce à son travail que mon père s'était enrichi. Son troupeau n'avait jamais compté autant de brebis, de chèvres et de moutons. Ma sœur et moi, nous en étions conscientes. D'autant plus que notre père gardait sa richesse pour lui. Lorsque Joseph vint au monde, Jacob évoqua le désir de repartir dans son pays avec sa famille. Mais pas les mains vides. Il était résolu à travailler pour son compte. Il en fit part à mon père. Je soupçonnais celui-ci de feindre d'être d'accord de bien vouloir le laisser partir, lui proposant même de fixer lui-même le montant de son salaire.

Une discussion s'engagea entre les deux hommes. Jacob, méfiant, ne voulait pas se laisser duper une nouvelle fois par mon père. Il ne proposa pas un salaire, mais un marché : « Si tu es d'accord, toutes les bêtes naissantes de couleur foncée, tachetées, rayées et mouchetées constitueront mon salaire. Ainsi il te sera facile de contrôler mon honnêteté. »

Je vis mon père sourire avant d'accepter : « Qu'il en soit selon ta parole ! » En effet, les chèvres dans ce pays étaient noires ou brun foncé, rarement blanches ou tachetées de blanc. Les moutons étaient pratiquement toujours blancs, pas souvent noirs ou tachetés. Pourtant Jacob, sous la bénédiction divine, paraissait serein.

Mais le jour même, Laban retira du troupeau les boucs tachetés et rayés, toutes les chèvres tachetées ou rayées, tout ce qui était mêlé de blanc et tous les agneaux de couleur foncée, et il les remit entre les mains de ses fils. Ils conduisirent le troupeau à trois jours de marche d'où se trouvait Jacob. Ainsi les chances de conception d'autres animaux tachetés, mouchetés ou rayés seraient réduites, puisqu'ils ne s'accoupleraient pas avec le troupeau unicolore gardé par Jacob.

Mon époux ne paraissait pas pour autant découragé. Posté devant les abreuvoirs, je le vis placer devant les yeux des femelles des baguettes vertes de peuplier, de platane ou d'amandier dont il avait pelé des bandes d'écorce. Comme une semence, il en mit aussi dans les auges et dans les abreuvoirs. Jacob était persuadé que les femelles entreraient en chaleur près de ces branches. De plus, il croyait qu'au moment de la conception, si les femelles regardaient ces branches de couleur blanche parsemées de nœuds et des bandes d'écorce laissées par son couteau, elles porteraient des animaux rayés, tachetés ou mouchetés. Et en effet, elles mirent bas des petits rayés, tachetés ou mouchetés. Quand les bêtes étaient chétives, il délaissait les baguettes. Il constitua ainsi un troupeau chétif à la robe claire uniforme pour mon père, les robustes noires et tachetées pour lui.

Très rapidement, le rapport des deux hommes changea, rapports envenimés par mes frères qui se plaignaient que leur cousin les dépouillait. Quatorze ans de travail pour m'avoir pour épouse, six ans pour le troupeau, dix fois son salaire modifié. Jacob avait assez enduré. Tant et si bien, qu'un jour il nous fit appeler aux champs où étaient nos troupeaux et exigea que l'on parte immédiatement. Il craignait un nouveau stratagème de son beau-père pour le dépouiller. Pendant que mon père tondait son troupeau, nous prîmes enfants, biens et troupeaux. Nous montâmes sur les chameaux en direction du pays de Canaan.

Mon père nous rattrapa au mont Galaad et accusa Jacob d'avoir fui en secret. De nous emmener comme des captives de guerre.

– Si tu te languissais de ta maison, j'aurais pu le comprendre. Mais partir ainsi et me voler mes dieux domestiques, dit-il d'un ton accusateur.

– J'ai cru que tu allais m'enlever tes filles, mais si quelqu'un t'a dérobé tes idoles, il n'en sortira pas vivant, lui répondit Jacob.

Mon père alla fouiller dans notre tente, celle de Léa puis dans celles des deux servantes. Il ne trouva rien et pour cause. C'est moi qui les avais prises. Je m'étais octroyé le droit de prendre ces talismans après toutes les duperies de mon père envers Jacob, ma sœur et moi. Je les avais cachés dans le palanquin du chameau et m'étais assise dessus. Je prétextais d'avoir mes menstrues afin qu'il ne les découvrît pas. Jacob ne se doutant de rien, déversa toute sa colère contre mon père et lui dit tout ce qu'il avait tu et enduré pendant vingt ans. Après une longue conversation, ils finirent par faire la paix. Mon père nous bénit avant notre départ.

Jacob envoya alors des messagers à son frère Ésaü au pays de Séïr, afin de lui apprendre qu'il s'apprêtait à traverser ses terres. Il redoutait la vengeance et l'envie meurtrière de son frère qu'il avait lésé. Ses éclaireurs revinrent en lui annonçant qu'Ésaü se dirigeait à sa rencontre avec quatre cents hommes. À cette nouvelle, je vis la peur marquer le visage de Jacob. Sans se laisser submerger par son émotion, il anticipa une attaque d'Ésaü et donna des ordres. Je reconnaissais en lui cette force mentale doublée d'un talent de stratège. Il répartit nos biens et notre famille en deux camps espérant ainsi exposer une seule partie de ses biens et de sa famille. Il se mit légèrement en retrait et pria. Il avait décidé d'offrir à son frère un nombre important de chèvres, de boucs, de brebis, de béliers, de chamelles et leurs petits, des vaches, des taureaux, des ânesses et leurs petits. Ses serviteurs reçurent l'ordre d'aller au-devant d'Ésaü avec toutes ses bêtes. Il souhaitait trouver grâce aux yeux de son frère. Une fois son frère amadoué et comblé de présents, Jacob se présenterait à lui. Telle était sa stratégie.

Cette nuit-là, il voulut demeurer seul au camp après nous avoir fait passer le gué du Yabboq, affluent du Jourdain. Le retour vers Canaan devait faire émerger en lui tous ses souvenirs. Je comprenais qu'il ait besoin de solitude pour se préparer à la rencontre avec son frère. Revivre le passé pour préparer l'avenir. Comprendre les conséquences de sa ruse pour accueillir la rancune de son jumeau.

Mais au lever de l'aurore, je découvris un autre homme. Il n'était plus lui-même. Je remarquai aussi qu'il boitait. Que s'était-il passé pour qu'il soit blessé dans sa chair ? Dans le silence de la nuit, quelle sorte de lutte avait-il menée ?

Mon ressenti de cette transformation se révéla juste lorsque je le vis se prosterner sept fois à terre avant d'aborder son frère, en signe d'humilité et de soumission. Lorsque j'aperçus Ésaü courir à sa rencontre, se jeter au cou de Jacob et l'embrasser en pleurant, je sus que chacun avait fait un pas vers l'autre. Ésaü qui n'avait pas de vues sur les biens de Jacob, car il en avait suffisamment, ne remua pas le passé. Après avoir refusé le cadeau de son frère, il finit par l'accepter. La fraternité et la paix retrouvées, chacun reprit sa route. Ésaü à Séïr et notre famille à Soukkoth jusqu'à Sichem.

Nous arrivâmes au pays de Canaan. Nous achetâmes une parcelle et nous nous installâmes à Sichem. Hélas, le temps du repos n'était pas encore venu. Un drame terrible nous força à fuir. Dina, la fille de Léa fut enlevée par le fils de Hamor le Hivvite, prince du pays qui la déshonora. En représailles, ses frères, Siméon et Lévi, tuèrent le fils, le père ainsi que leurs hommes puis pillèrent la ville. Jacob décida de partir, car il craignait à son tour une vengeance contre son clan.

J'attendais un deuxième enfant et la délivrance approchait. Nous nous dirigions vers Éphrata lorsque je perdis les eaux. Très vite, je sentis que tout ne se déroulait pas comme pour Joseph. Je souffrais et le travail se poursuivait lentement. Trop lentement. L'enfant qui se présentait aux portes de la vie les trouvait encore closes. Et le temps s'écoulait, cruel. Je me sentais de plus en plus fatiguée alors que l'enfant demandait à naître. Mes efforts toujours plus forts restaient toujours vains. La douleur m'enlaçait dans une folle étreinte. Elle ne m'accordait plus aucun répit. À bout de souffle, à bout de force. La vie qui venait semblait prendre la mienne. Fallait-il que la vie et la mort se confondent en ce jour de bonheur ? Une seule chose m'importait désormais : mon enfant devait vivre. Mon cri déchira l'air. Je poussai avec la fougue du désespoir. Puis, son cri répondit au mien. Dans un demi-sommeil où les mots des vivants chuchotent, j'entendis que j'avais un fils. Dans mon dernier souffle, je le nommais Ben-Oni, « fils de ma douleur ».

Léa, première épouse de Jacob

J'aimais ma sœur Rachel. Elle avait la beauté et la joie qui me faisaient défaut. En gardant les moutons, elle chantait et sautillait tandis que mon esprit mélancolique vaquait vers le lointain. Ce jour-là, ce tourbillon de vie revint tout essoufflé du puits où elle avait conduit les moutons. Elle courut vers notre père en criant : « Notre cousin vient d'arriver ! Notre cousin vient d'arriver ! » Ses yeux brillaient de joie. Mon père partit chercher son neveu Jacob et nous l'accueillîmes chez nous.

Jacob était travailleur, sérieux même si je le voyais jeter constamment des coups d'œil furtifs vers Rachel. Ses yeux l'enveloppaient d'un amour secret que mon cœur avide aurait aimé accueillir. Alors que je cachais mes sentiments, Rachel irradiait de bonheur, portant sur son visage l'amour en transparence.

Un jour, notre père demanda à Jacob le salaire qu'il souhaitait. Mon étonnement fut grand lorsque j'entendis Jacob demander ma sœur contre sept années de labeur. Mon père accepta. Il n'allait pas refuser une si bonne affaire ! Il gardait sa fille bergère et un serviteur à la force de travail irremplaçable. Même le prévisible me fit souffrir. Jacob aimait Rachel, Rachel aimait Jacob. Les années passèrent. Douloureuses. De les voir ensemble. De me sentir seule. De ne pas avoir de demandes pour fonder une famille. De l'aimer en silence.

Mon père donna une grande fête de mariage. Alors que Rachel devait porter le voile, il lui ôta et me le mit. Par respect pour mon père, conformément à la coutume, et par amour pour Jacob, je me tus. Dans le secret de la nuit, Jacob me révéla femme. Lorsque le jour se leva, Jacob me découvrit dans son lit. Il comprit la ruse paternelle. Sa colère se retourna d'abord contre moi. « Comment as-tu pu me tromper en te faisant passer pour Rachel ? ». Pour me défendre, j'utilisai ses confidences contre lui : « Ne viens pas me reprocher de t'avoir fait ce que tu as fait à ton père ! ». Sans rien répondre en retour, il partit voir mon père. J'appris par la suite que celui-ci céda à sa demande et lui donna Rachel. À cet instant, les affres de la jalousie m'emprisonnèrent comme les insectes dans une toile d'araignée. Ma sœur devint mon ennemie. Mais quelles armes pouvais-je lui opposer, moi, qui n'avais rien à offrir à Jacob ?

Ma première grossesse fut ma première victoire. Je portais l'enfant de Jacob, maintenant il allait m'aimer. Cependant, bien que Jacob fût heureux de ce premier fils et des trois autres que je lui donnais, il continuait d'aimer Rachel, la stérile. Quant à elle, je compris ses intentions lorsqu'elle proposa sa servante à Jacob. Elle voulait être mère par servante interposée. Me détrôner de mon rôle. Me voler mon avantage. Comme je n'enfantais plus, je décidai d'en faire autant. Nos deux servantes donnèrent quatre autres fils à Jacob. Mais en réalité, rien ne fut réglé pour autant. La jalousie avait contaminé nos cœurs. Nous étions devenues les comptables des signes donnés par notre époux à l'une ou à l'autre.

Un jour, Ruben, notre fils aîné, trouva des mandragores, plantes à la réputation magique. Il me les apporta, tout heureux à l'idée de me faire un cadeau. Leurs fruits avaient une réputation à la fois d'aphrodisiaque et de fertilité. Lorsque Rachel les vit, elle en voulut. Exaspérée par son audace, je lui répondis sèchement : « Tu m'as déjà pris mon époux et maintenant tu veux aussi les mandragores ! ». Elle tenait sa capacité à marchander de notre père lorsque je l'entendis m'échanger une nuit d'amour avec Jacob contre les mandragores. Le temps de nos rencontres nocturnes étant passé depuis longtemps, j'acceptai. Le soir lorsque Jacob rentra des champs, j'allais vers lui et lui fis part de notre accord avec Rachel. Il respecta notre arrangement. Cette nuit-là, sans les mandragores, je tombai enceinte. Jacob avait retrouvé le chemin qui le menait vers moi. Je lui donnai un sixième fils puis une fille Dina.

Puis, Rachel eut Joseph. Jacob aima Joseph, plus que ses autres frères. Notre époux, désormais riche, décida de repartir dans son pays. Lorsque nous nous installâmes à Sichem dans la joie, j'ignorai que le malheur allait frapper si cruellement notre famille. La honte se répandit sur ma fille et mes fils. Lorsque nous quittâmes la ville, Rachel attendait un deuxième enfant. Nous n'échangions aucune parole. J'étais hébétée par la violence que nous venions de vivre. Ma fille violée, ses frères des assassins. Et maintenant, la fuite.

Lorsque Rachel demanda de s'arrêter, nous comprîmes que l'enfant allait naître. La délivrance fut un cauchemar. Mon corps souffrait de voir le sien tailladé par la douleur. Lorsque l'enfant vint au monde, le sang coula de son corps comme une cruche de vin renversé. Alors, tout ce qui nous avait séparées s'effaça. Je pleurai ma petite sœur. Alors que Rachel et moi avions choisi les prénoms de nos enfants et que Jacob avait respecté nos choix, il changea le prénom de Ben-Oni pour celui de Benjamin « fils de ma droite ». Il n'en donna pas la raison. Je ne lui demandai pas.

Accablé par la douleur, il s'occupa du tombeau de Rachel.

Dina et sa quête d'amitié

Entourée de mes onze frères, je rêvais d'avoir des relations amicales avec les filles du pays. J'aimais mes frères, mais je me sentais isolée au milieu d'eux. Je ne partageais aucune de leurs préoccupations. Aller vers d'autres jeunes filles, partager des moments de complicité, tisser des liens, devenir sœurs de cœur alors que j'étais une étrangère, telle était l'intention qui me poussa à sortir ce jour-là. J'avais besoin de quitter ce lieu clos, m'ouvrir à d'autres relations. Ne pas toujours rester enfermée à l'intérieur de la tente.

Alors que je marchais à travers champ, un cavalier surgit et m'enleva. Je tremblais de peur. Que me voulait-on ? Qu'allait-il m'arriver ? Dans mon innocence, je l'ignorais. Ce que je savais c'est qu'à partir de ce moment-là, je serai reconnue coupable d'être sortie.

Rien ne m'avait préparée à ce qui m'arriva. L'homme m'attrapa les poignets et se jeta sur moi. Je criai, mais personne ne vint à mon secours. Je connus alors l'homme qui m'avait ravi mon innocence. J'étais sidérée. Brisée. Meurtrie. Une douleur sans fin parcourait mon corps pendant qu'il me forçait entre mes jambes. L'abîme s'ouvrait ici. Me plongeait dans l'horreur. Je me sentis salie par ce qui coulait entre mes cuisses. En un instant, je perdis mon enfance, ma famille, mon honneur. Mes larmes n'effacèrent pas ma honte.

L'homme qui avait pris ma virginité était le fils de Hamor le Hivvite, prince du pays. Parce qu'il disait que j'avais ouvert son cœur à l'amour, il demanda à son père de me prendre pour femme. Le prince accepta la demande de son fils Sichem. C'est ainsi que mon père et mes frères les rencontrèrent pour négocier un accord matrimonial. Je connaissais les caractères emportés de mes frères et j'imaginais leur courroux devant une telle infamie. Mais j'étais confiante, car ils tenaient mon honneur entre leurs mains. Une jeune fille violée était déshonorée. Je n'avais aucune chance de trouver un époux si je n'épousais pas Sichem. Un accord fut trouvé : le consentement de ma famille en échange de la circoncision de tous les hommes de la ville. Je ne pouvais épouser qu'un circoncis. Et plus largement encore : la promesse d'un seul peuple. De nouvelles alliances. L'avenir clément ouvrait d'heureuses perspectives. Tout s'arrangeait.

Alors tous les Sichémites se firent circoncire. Au troisième jour, alors que les hommes de la ville étaient souffrants, Siméon et Lévi, prirent leurs épées et les tuèrent tous. Ils me récupérèrent après avoir tué Sichem et son père. Sous mes yeux apeurés, mes frères partirent piller la ville. L'autorité de mon père était remise en cause. La parole donnée, bafouée. Les crimes de mes frères obligèrent la famille à fuir rapidement par peur des représailles. D'être à l'origine de cette violence me mortifia. Ce bain de sang pour laver mon honneur. Ni souillée ni vendue. Voilà ce que mes frères voulaient pour moi. Mais, je n'étais pas une prostituée ? Alors pourquoi tant de barbarie en mon nom alors que le mariage avait été négocié ? Pour empêcher l'union entre une Israélite et un Cananéen ? Quelle leçon voulait infliger le masculin au féminin à travers mon exemple ? Lui rappeler que la place de la femme est exclusivement à l'intérieur de la maison, seul lieu de sécurité ?

Tamar, gardienne de la sagesse

Je fus mariée en premières noces à Er, fils aîné de Juda. Hélas, Er mourut sans descendance. Selon la loi du lévirat, son frère devait me donner un enfant qui porterait le nom de mon premier époux. Juda envoya son deuxième fils, Onân afin d'assurer une postérité à Er. Cependant, ce dernier savait que l'enfant ne serait pas considéré comme le sien. Il désirait certainement avoir sa propre descendance. Ce motif est-il à l'origine de ses pratiques ? Lorsqu'il s'unissait à moi, il laissait sa semence couler à l'extérieur de mon corps. Je gardais le silence. J'espérais que le temps le ferait changer d'attitude. Sa pratique avait-elle déplu au Très-Haut ? Je ne peux pas juger. Mais il mourut à son tour.

Après avoir vu mourir deux de ses fils après leur union avec moi, je compris que mon beau-père se méfiait de moi. Pensait-il que j'avais le mauvais œil ? Je le soupçonnais d'hésiter à me donner son troisième fils. Et je le comprenais. Entre son désir d'avoir une descendance et le risque de voir mourir le seul fils qui lui restât, je ne fus pas surprise de son choix. Il argua de la jeunesse de son dernier pour différer notre union : « Retourne comme veuve chez ton père en attendant que grandisse Shéla ».

Bien des lunes passèrent avant que j'eusse la preuve que Juda s'était moqué de moi. Dans le silence de la nuit, je compris alors qu'il ne me donnerait jamais son dernier fils. Je n'aurai jamais d'enfants. Je resterai veuve jusqu'à ma mort. Pire : il bafouait mon droit.

Pourtant, lorsque j'appris que Juda était veuf, je pressentis que la vie m'offrait une opportunité. Je ne savais pas encore laquelle, mais justice me serait rendue. J'attendais un signe. J'étais toujours animée par le devoir de donner une postérité à Er. La mémoire d'un homme est portée par ses enfants.

Lorsque Juda fut consolé de la mort de sa femme cananéenne Shoua, j'appris qu'il montait à Timna pour la tonte de ses brebis. Là était ma chance. Je me devais d'agir. Mais comment ? Juda avait peur de moi. Je devais réfléchir, vite et juste pour l'amener à cesser de faire obstacle à la vie.

La mort, aussi douloureuse fût-elle, avait été source d'enseignement. J'utilisais ses leçons pour mettre au point un stratagème qui me rende justice. Je comptais sur le temps de deuil révolu de Juda où la mémoire de l'être aimé remplace la tristesse de la perte. Et je misai sur les besoins du corps quand le cœur est guéri.

J'ôtai mes vêtements de veuve et les remplaçai par mes plus beaux atours. Je mis un voile afin de ne pas être reconnue. Je me rendis à l'entrée d'Éinaïm, sur son chemin, et j'attendis au lieu-dit « Les deux Sources ». Je réprimai mes émotions lorsque je vis que Shéla était devenu un homme. J'avais la preuve que Juda n'avait pas tenu ses promesses, mais je ne devais pas me laisser distraire par ma colère. Je devais rester concentrée. Je risquais la mort.

Lorsque Juda m'aperçut, je lus le désir dans ses yeux. Croyant avoir à faire à une prostituée, il me proposa un chevreau pour aller avec moi. J'acceptai. Je lui demandai de me donner en gage son sceau c'est-à-dire sa légitimité, son cordon, fil de la filiation et son bâton, signe de la connaissance et de la tradition. Lorsque nous eûmes terminé, je rentrai chez mon père et repris mes vêtements de veuve.

Quelques jours après, j'appris qu'un homme nommé Adoullam cherchait partout une prostituée pour lui remettre un chevreau. Je me tus. Très rapidement, il se découragea, et ce d'autant plus vite, que les gens du lieu lui confirmèrent qu'aucune prostituée ne vivait là. Et qu'il n'y en avait jamais eu ! Il devait faire erreur.

Trois mois plus tard, dans l'intimité de mon corps, je goûtai la joie secrète de la vie qui s'installait en moi. Pas pour longtemps. Dès que la forme arrondie de mon ventre m'eut trahie, d'autres en firent autant. Ils allèrent se plaindre de mon inconduite à mon beau-père. Je les imaginais, leurs lèvres dégoulinantes de plaisir répétaient comme une litanie les mots de prostitution et d'impureté pour faire jouir leurs oreilles au son de ces mots.

Juda me condamna à être brulée vive. Je n'en fus pas troublée, car je m'attendais à cette sentence. La femme est toujours reconnue coupable, mais pourquoi l'homme qui demande ses services n'est-il jamais inquiété ?

Comme on venait me chercher, j'envoyai dire à Juda que j'étais enceinte de l'homme à qui appartenaient ce sceau, ce cordon et cette canne. On les lui remit. Le piège se referma sur lui comme prévu. Je courais un risque en ne l'accusant pas publiquement, mais je voulais lui épargner la honte. Je fus bien inspirée, car il reconnut que tout était à lui. Et contre toute espérance, il ajouta que j'étais plus juste que lui, car il avait failli à sa promesse en ne me donnant pas son fils Shéla.

Désormais tout était juste. La vie me combla en me donnant des jumeaux. Deux fils pour ses deux fils morts. Une nouvelle descendance.

Myriam, la femme salvatrice

Autrefois, nous vivions heureux dans ce pays fécond de Goshèn qui nourrissait notre famille de viandes, de poissons, de courges, de melons, de poireaux, d'oignons et d'ail. Jusqu'à ce que Pharaon donnât l'ordre de jeter les garçons engendrés par les Hébreux dans le Nil et de laisser vivre les filles. Ce nouveau roi, du nom de Ramsès II, n'avait pas connu Joseph[1]. Il avait peur de notre peuple qui devenait trop nombreux. Les accoucheuses ne lui avaient pas obéi et prétendaient que les femmes des Hébreux avaient déjà accouché lorsqu'elles arrivaient. Mais désormais, plus de subterfuge, tout fils accouché devait être jeté au fleuve.

Pourtant, je savais que ma mère Yokèvèd une fille de Lévi, donnerait le jour à un autre fils que Aaron. Ce fils à venir serait le sauveur d'Israël ! Il fallait pour cela que les hommes continuent à aimer leurs femmes. Le cœur des hommes était trop lourd, leur esprit trop engourdi par le joug de Pharaon. Seul le cœur des femmes, réceptacle d'amour, pouvait accueillir leur désarroi et le transformer en espoir. Je voulais être de ces femmes, courageuses et volontaires, qui s'opposaient à la tyrannie.

Ma mère conçut et enfanta un fils pendant cette terrible période. Ne pouvant cacher le nouveau-né plus longtemps, elle

---

1. Joseph vécut plusieurs siècles avant lui au temps des Hyksos qui avaient envahi l'Égypte.

le déposa, couché dans une corbeille de papyrus, dans les roseaux sur les rives du fleuve. Le cœur serré, je regardais mon frère abandonné à son destin. Cet abandon fit jaillir en moi un sentiment de révolte mêlée d'espoir. Il n'y a pas de plus beau combat que celui de la vie. L'enfant devait vivre. Il vivrait. Je le sentais.

Soudain, une jeune fille descendit au fleuve pour s'y baigner. Elle trouva la corbeille et envoya sa servante la prendre. Mon petit frère pleurait. Je sortis rapidement de ma cachette. D'un ton que je voulais naturel et banal, j'offris d'aller chercher les services d'une nourrice. Je proposai ma mère, tout en cachant le lien qui l'unissait à l'enfant. C'est ainsi que lorsque mon frère eut grandi, ma mère le ramena à celle qui était la fille de Pharaon. Elle lui donna le nom de Moïse qui signifie « Je l'ai tiré des eaux ».

On qualifia Moïse comme « lourd de bouche et lourd de langue ». Il n'était pas né ainsi. Un jour qu'il jouait sur les genoux du pharaon, il lui prit sa couronne. Les mages virent dans cet incident un mauvais présage et suggérèrent la mise à mort immédiate de mon petit frère. Cependant, un prêtre proposa de le mettre à l'épreuve. Il fit placer Moïse devant un plateau de diamants et de braises ardentes. Mon frère se précipita vers le plateau de diamants, mais trébucha vers les braises ardentes. Il se brûla la langue et les lèvres. Quand on lui ôta son pansement, il perdit un morceau important de sa lèvre. C'est pourquoi notre frère Aaron lui servit de porte-parole[2].

Devenu grand, Moïse refusa d'être appelé fils d'une fille de Pharaon. Il prit le parti de son peuple. Il vit les corvées dans la confection de mortier et de briques auxquelles le peuple de

---

2. Ce récit n'appartient pas à la Bible, mais à la tradition midrashique.

l'ÉTERNEL était astreint. Pharaon adorait construire et son règne était le temps de l'asservissement et du travail forcé pour notre peuple. Un jour, alors qu'il allait voir ses frères, il prit la défense d'un Hébreu frappé par un Égyptien. Il le tua et le cacha dans le sable. Il quitta l'Égypte et se rendit au pays de Madiân, se cacher. Il savait qu'une parenté [3] le liait aux peuples qui vivaient à l'est du golfe d'Akaba. Il fut hébergé par un prêtre qui avait sept filles. D'architecte, il devint berger et médita sur les réalités de la vie. Le prêtre donna Cippora à Moïse ; elle mit au monde un fils Guershom. Puis, l'ÉTERNEL apparut à Moïse dans une flamme de feu au milieu d'un buisson. Il donna comme mission à mon frère de faire sortir les Israélites d'Égypte. C'est ainsi qu'il revint vers nous, pour prendre soin du peuple élu et le diriger vers son destin.

Moïse, par la voix d'Aaron, demanda à Pharaon de laisser partir son peuple au désert pour fêter leur Dieu. Il refusa et accabla notre peuple de travaux supplémentaires. Alors l'ÉTERNEL, dans sa tendresse, aida son peuple qui maintes fois s'était pourtant détourné de lui : « Je sais bien que le roi d'Égypte ne vous laissera aller que s'il y est contraint par une main forte. Aussi j'étendrai la main et je frapperai l'Égypte par des merveilles de toute sorte que j'accomplirai au milieu d'elle ; après quoi il vous laissera partir. »

La lutte entre mes frères et Pharaon débuta par la magie. Avec l'aide de l'ÉTERNEL, mes frères transformèrent un bâton en serpent. Les magiciens et les enchanteurs de Pharaon en firent autant, mais le bâton d'Aaron engloutit les autres bâtons. Loin d'intimider Pharaon, son cœur s'endurcit.

---

3. Après la mort de Sara, Qetoura devint l'épouse d'Abraham. L'un de ses fils se nommait Madian.

Par la suite, mon frère Moïse se rendit au bord de l'eau et menaça de transformer l'eau du Nil en sang après l'avoir frappée de son bâton. Mais là encore, les magiciens en firent autant. Bien que les poissons mourussent, et que pendant une semaine entière, hommes et bêtes souffrissent d'une horrible soif, Pharaon ne céda pas. Sept jours s'écoulèrent.

Les catastrophes naturelles promises par l'ÉTERNEL s'abattirent l'une après l'autre sur l'Égypte. Il y eut les grenouilles jusque dans les maisons, les moustiques sur les gens et les bêtes, les taons dans tout le pays, la mort du bétail par la peste, les ulcères bourgeonnant en pustules, la grêle sur leur vigne et dans tous les champs, les sauterelles dévorant l'herbe, les ténèbres recouvrant l'Égypte d'une nuit sans fin. Alors, durant l'épreuve Pharaon promettait. L'ordre revenait. Puis Pharaon rompait ensuite ses promesses. Son cœur s'endurcit et il refusa, finalement, de nous laisser partir.

C'est la dixième plaie qui le fit céder. Elle fit écho à la mise à mort des premiers-nés des Hébreux. Tous les premiers-nés allaient mourir sauf ceux restés dans les maisons où un agneau aurait été immolé et son sang badigeonné sur le linteau de la porte. Voyant le sang, la mort passerait par-dessus cette maison. Le fils aîné de Pharaon mourut. Nous fûmes sauvés. Le Dieu des Hébreux avait battu la grandeur de l'Égypte. L'ÉTERNEL était le Tout-Puissant. Ce mois-ci fut pour nous le commencement des mois, le premier des mois de l'année.

Enfin libres, nous partîmes au printemps, par le désert de la mer des Roseaux[4], une route détournée pour rejoindre le pays de Canaan. Moïse savait que la surveillance pour entrer ou sortir d'Égypte était assurée par une chaîne de forts, de tours

4. *Yam suph* se traduit aussi par mer Rouge.

de garde et de points d'appui. Il ne voulait pas courir le risque que les sentinelles donnent l'alarme. Nous progressions lentement avec les bêtes, les chèvres et les moutons de point d'eau à point d'eau, d'oasis en oasis. Des outres en peau de chèvres contenaient nos réserves d'eau.

Alors que Pharaon avait laissé partir notre peuple, il se ravisa. Il fit atteler son char et emmena son armée pour nous arrêter. Nous les découvrîmes alors que nous campions au bord de la mer. Au moins six cents chars se dirigeaient vers nous. Nous n'avions aucune expérience dans l'art de la guerre. Nous disposions d'armes primitives face aux Égyptiens. Les hommes eurent peur et se mirent en colère contre Moïse : « Manquait-il des tombeaux en Égypte, que tu nous aies menés mourir dans le désert ? ». Il tenta de les rassurer. L'ÉTERNEL était avec nous. La suite de notre histoire le prouva.

Soudain une nuée ténébreuse nous enveloppa, nous cachant à l'ennemi. Moïse étendit la main sur la mer. Un vent fort d'est se leva. Les eaux se fendirent. Nous pénétrâmes à pied sec au milieu de la mer et les eaux, de part et d'autre, formaient une muraille comme pour nous protéger. Les Égyptiens voulurent partir à notre poursuite. Les eaux se refermèrent. Elles emprisonnèrent tous les chars et tous les cavaliers. Il n'en resta plus un seul.

Alors nous chantâmes le chant de victoire. Avec mon tambourin, j'entraînais toutes les autres femmes à danser et à chanter le cantique de la mer. Je voulais partager la joie, chanter pour la terre qui nous accueillait, pour le ciel qui nous protégeait. Elles m'accompagnèrent. Elles avaient emporté leurs tambourins avec elles. Chacune, portant le deuil de leurs enfants massacrés, avait trouvé la force de ne pas perdre espoir. Une force forgée dans la servitude et le désir de liberté. Nos chants louèrent l'ÉTERNEL.

Rahab, héroïne de la foi

Jéricho, aux portes du désert crayeux, était une véritable oasis à la végétation luxuriante où les palmiers se dressaient fièrement. Dans ma maison, j'accueillais des hommes. Je ne fus guère étonnée lorsque les messagers du roi de Jéricho m'ordonnèrent de leur livrer deux Israélites. Ici, les nouvelles arrivaient régulièrement grâce au passage de la clientèle et repartaient aussi vite en ville. Et récemment, la rumeur avait pris un ton plus grave. L'inquiétude était à son paroxysme depuis que les eaux de la mer des Roseaux s'étaient écartées pour faire passage aux Hébreux qui étaient poursuivis par l'armée de Pharaon. Certains disaient qu'il leur avait promis de leur donner notre pays de Canaan. D'autres rapportaient que leur Dieu avait soufflé de son haleine au-dessus de la mer. Alors, les chars, les officiers avaient coulé au fond du gouffre comme une pierre. La mer les avait recouverts. Que sur nous allaient s'abattre terreur et crainte, tel était le contenu des messages qui circulaient.

Si les uns craignaient pour Jéricho, leurs biens, leurs familles, les autres évoquaient la magie de ce nouveau Dieu. Là où ils voyaient un dieu guerrier, je devinais que l'ÉTERNEL, aussi bien là-haut dans les cieux qu'ici-bas sur la terre, protégeait son peuple. Lorsque deux étrangers se présentèrent, j'eus vite fait de les identifier. Deux espions à la recherche d'informations. Deux Israélites. Je leur fis savoir que je les avais reconnus : « Je sais que le SEIGNEUR vous a donné ce pays. Les habitants de

Jéricho sont pris de panique. » Attirée par la bonté et la perfection de l'ÉTERNEL, je répondis aux messagers du roi que les deux Israélites étaient partis à la nuit tombante. En réalité, je les avais cachés sous des tiges de lin sur ma terrasse. Une fois les messagers partis, j'aidais les deux hommes à s'enfuir discrètement. Je pris une corde et les fis descendre le long de la fenêtre qui donne sur les remparts. Je leur suggérai de rester cachés trois jours dans la montagne, le temps que les recherches cessent. L'ÉTERNEL préparait son peuple à son héritage. Ce temps était venu.

En échange de mon aide et de mon silence, ils me firent la promesse d'épargner la maison de mon père et tous ses habitants. Ils me donnèrent un cordon de fil écarlate à attacher à ma fenêtre afin que ma maison soit reconnaissable entre toutes. Sans plus attendre, j'attachai le cordon en signe de reconnaissance et d'alliance.

Jéricho se barricada. Personne ne pouvait entrer. Personne ne pouvait sortir. Puis, l'étonnement grandit. Les Israélites suivaient un coffre rectangulaire en bois d'acacia, plaqué d'or et muni de bras pour le transport, vraisemblablement, tenus par leurs prêtres. La rumeur courait que cette arche avait eu le pouvoir d'écarter les eaux du Jourdain. Or, durant la saison des moissons, le Jourdain était en crue. Les eaux qui descendaient de Hermon s'accumulaient, la neige fondait. Pourtant, les Israélites avaient traversé à sec vis-à-vis de Jéricho. Le courage quitta définitivement le cœur des hommes de Jéricho. La consternation se répandit lorsque nous vîmes pendant six jours, les Israélites faire le tour de la cité sans attaquer. Nous ne comprenions pas leur tactique. En avant de l'arche, sept prêtres portaient des trompes en corne de bélier. Que contenait cette arche ? Retranchés dans nos maisons, nous attendions figés dans la peur. Qu'allait-il advenir ?

Le septième jour, dès l'aurore, ils firent sept fois le tour de la ville. Cette fois, une avant-garde et une arrière-garde encadraient l'arche. Lorsque les cornes de bélier retentirent, le silence mortel fut rempli de cris de guerre. La stupeur frappa les habitants et leurs chefs. Le rempart, orgueil de la ville, s'écroula. La forteresse fut prise d'assaut. Notre maison fut épargnée. Les deux émissaires que j'avais sauvés se rendirent chez moi. Ils firent sortir tout mon clan et nous placèrent en lieu sûr. La ville, dédiée aux idoles, fut alors brûlée et interdite de reconstruction. « Maudit soit devant l'ÉTERNEL l'homme qui se lèvera pour reconstruire cette ville de Jéricho ! » lança, Josué, fils de Noun [5]. Je décidai de rester avec le peuple du vrai Dieu.

5. Noun : fils d'Éphraïm, fils de Joseph, fils de Jacob.

La fille de Jephté, objet de sacrifice, sujet de mémoire[6]

En ces temps-là, notre peuple avait recommencé à servir d'autres dieux. Mon père Jephté était un vaillant guerrier. Il n'eut pas droit à sa part d'héritage dans la maison de son père, car il était le fils d'une autre femme, d'une étrangère. Chassé par ses frères légitimes, il s'était établi alors dans le pays de Tov. Il était devenu chef de bande.

Lorsque les Ammonites eurent attaqué Israël, les anciens de Galaad quittèrent leur pays montagneux pour quérir mon père. Ils avaient besoin d'un commandant qui les mènerait à la victoire. Mon père commença par refuser, arguant de son exil passé : « N'est-ce pas vous qui m'avez pris en haine et chassé de la maison de mon père ? ». Les anciens rendirent alors leur proposition plus attirante : « Tu seras non seulement un chef militaire, mais aussi le chef des Galaadites ». Mais mon père souhaitait davantage. Il voulait le soutien de l'ÉTERNEL : « Si vous me faites revenir pour combattre les Ammonites et que le SEIGNEUR les livre à ma merci, alors je serai votre chef ». Alors le souffle du Saint Nom fut sur lui.

Alors qu'il était à la tête de Galaad, on me rapporta qu'il usa d'abord de diplomatie envers les Ammonites. Il s'enquit auprès

6. Et de là vient cette coutume en Israël : d'année en année les filles d'Israël s'en vont se lamenter quatre jours par an sur la fille de Jephté le Galaadite, Juges 11,27-12,5.

de leur roi des motifs de la guerre. Les Ammonites se battaient au nom de territoires pris par Israël à Ammon. Il voulut négocier un accord pour défendre le droit du peuple à habiter la terre donnée par l'ÉTERNEL. Les pourparlers de mon père ne convainquirent pas le roi d'Ammon. La bataille s'engagea. Ce fut une grande défaite pour les Ammonites.

Heureuse d'accueillir mon père, je sortis de la maison. Pour fêter son retour et sa victoire, je dansai au son des tambourins. Dès qu'il m'aperçut, mon père se pétrifia. Il poussa des « Ah ! Ah ! » de grand malheur, lui qui avait emporté la bataille. Troublée, je stoppai net ma danse et lâchai les tambourins. Que se passait-il ?

Mon père déchira mes vêtements et m'accabla de reproches : « Ma fille ! Tu m'accables de chagrin ! Tu es de ceux qui font mon malheur ! J'ai donné ma parole à l'ÉTERNEL et je ne puis revenir sur ma promesse. » Incrédule, je scrutai mon père à la recherche d'un indice qui me permettrait de comprendre ce qui lui arrivait. Je n'eus pas à chercher bien longtemps.

La voix tremblante, mon père me révéla qu'il avait fait un vœu au SEIGNEUR en ces termes : « Si vraiment tu me livres les Ammonites, alors quiconque sortira des portes de ma maison à ma rencontre quand je reviendrai sain et sauf de chez les fils d'Ammon, celui-là appartiendra au Seigneur, et je l'offrirai en holocauste. »

J'écoutai, incrédule. Lui, le libérateur du peuple, par son vœu avait scellé mon avenir.

Mon père poursuivit ses explications, cette fois d'une voix accablée :

– Pourquoi ai-je fait cette promesse sans réfléchir aux conséquences ? J'ai encore trop parlé ! J'étais obsédé par le désir de retrouver ma place à Galaad. Je voulais garantir la victoire à mon pays qui me reconnaîtrait parmi les siens. Obtenir ainsi une belle revanche sur mes frères. Et puis, qui pouvait imaginer que ce serait toi, ma fille unique, ma fille bien-aimée, qui passerais la porte de la maison en premier ?

Bien qu'assommée par ses propos, j'aimais mon père. Je pris la parole avec respect :

– Maintenant que tu as fait une promesse à l'ÉTERNEL, traite-moi selon l'engagement que tu as pris puisque l'ÉTERNEL t'a accordé de te venger de tes ennemis.

Mon père se tut.

Nous savions tous les deux que son vœu imprudent et irréfléchi allait me priver de ma vie de femme. Me priver d'enfants. Le priver de descendance. Parce qu'il avait connu la disgrâce dans sa famille, le doute dans l'esprit du Saint Nom lors du combat, il avait marchandé sa victoire avec l'ÉTERNEL. En ferait-il de même pour moi ? Allait-il implorer la clémence de l'ÉTERNEL et reconnaître ses torts ou resterait-il fidèle à sa parole donnée par loyauté ou pour sauver son honneur ? Se rendrait-il auprès du grand-prêtre Pinhas pour dénouer son vœu ou serait-il trop orgueilleux pour une telle démarche ? Au nom de son expérience de malheur, allait-il faire le malheur de sa fille ? Sa victoire méritait-elle un tel sacrifice ?

Immédiatement, je voulus gagner du temps. Du temps pour la réflexion, du temps pour accepter mon destin :

– Laisse-moi libre pendant deux lunaisons. Je m'en irai errer sur les montagnes et, avec mes compagnes, je pleurerai sur ma virginité.

– Va, me dit-il.

Qu'il fut court ce répit de deux mois ! Serait-il à jamais mes derniers souvenirs où les rires de mes amies chassaient mes craintes comme le vent les nuages ? Mon cœur lourd d'appréhension traînait maintenant sur le chemin du retour. Mes compagnes s'en étaient allées, emportant avec elles les parfums insouciants de la vie. Mes pas effaçaient ce précieux temps de liberté qui appartenait désormais au passé. J'allais vers mon destin, seule et terrifiée. Il ne restait plus qu'une interrogation muette qui tournait en boucle dans mon esprit. Mon père avait-il changé d'avis ? Lorsque je franchis le seuil de la porte, je sus, avant qu'il me la dise, sa décision.

Prisonnier de la parole donnée, il accomplit le vœu qu'il avait prononcé.

La concubine de Guivéa

Comme chaque soir, mon père rentrait de son travail des champs. Il était d'Ephraïm, mais il était venu s'installer parmi les enfants de Benjamin. Ce soir-là, il revint avec un homme de la région de Samarie et sa concubine. Ces gens-là partis d'Ephrata n'avaient trouvé personne pour leur offrir l'hospitalité à la tombée de la nuit. Pourtant, ils n'étaient pas partis sans rien. Leur serviteur et deux ânes, portant leurs provisions, les accompagnaient. Leur seul besoin était de dormir à l'abri. Mon père le leur avait proposé. Ils avaient choisi Guivéa, ville Israélite sur le territoire de Benjamin, contigu au territoire d'Ephraïm où ils résidaient, car ils ne voulaient pas dormir dans une ville étrangère.

En tant que fille de la maison, je leur apportai de l'eau pour qu'ils puissent se laver les pieds. Mon père fit décharger les ânes et donna l'ordre de s'en occuper. Nous mangeâmes et bûmes. Ce fut un moment agréable. Les hommes parlaient de leur pays. La femme me confia qu'elle s'était auparavant enfuie de sa maison pour retourner chez son père. Elle était de la tribu de Juda, pas de celle de son mari. Je compris à demi-mot que cet homme n'avait pas toujours été tendre avec elle. Elle était restée quatre mois dans la maison de son père avant que le lévite la supplie de revenir chez lui. Il lui avait ouvert son cœur. Elle s'était laissé attendrir. Son père avait retenu son mari cinq jours de plus. Voulait-il s'assurer que tout allait bien ? Je n'osais pas poser de questions. Je respectais la confiance qu'elle m'accordait en se livrant à moi.

Tandis que nous parlions, nous entendîmes des coups redoublés à la porte. Mon père se leva pour aller ouvrir. Qu'arrivait-il à cette heure du soir qui justifiât une telle impatience ?

La porte s'entrouvrit sur des gens de la ville. Des vauriens qui demandaient de lui livrer le voyageur. En ces temps où nul roi ne régnait, chacun était son seul maître, oubliant de respecter la Loi de l'ÉTERNEL. Ainsi ceux qui s'en détournaient, trouvaient l'impunité en lieu et place de châtiments. Mon père sortit et tenta de leur faire entendre raison : « Ne soyez pas des criminels. Cet homme est sous mon toit, ne commettez pas d'infamie en violant les règles de l'hospitalité. » Ils ne l'écoutèrent pas et commencèrent à forcer la porte pour entrer. Mon père ouvrit une nouvelle fois la porte : « Voici ma fille qui est vierge. Je vous la livrerai. Mais pas cet homme ».

À ces mots, je sentis le sol se dérober sous mes pieds. Alors que je voulais supplier mon père de ne pas me livrer à ces bêtes farouches, je vis le lévite pousser sa femme au-dehors. En pâture. J'étais terrifiée.

Le jour se leva, honteux de découvrir une femme violée à tour de rôle par des hommes en rut. Elle gisait là sur le seuil de notre porte. Le lévite lui dit aussitôt : « Lève-toi, nous partons ! ». Elle ne répondit pas. Elle ne bougeait pas. Je m'avançai vers elle. La pâleur de la mort flottait sur son visage, comme sa tunique déchirée au vent. Ses mains dans le plus complet abandon gisaient le long de son corps, sans plus avoir à repousser les ardeurs barbares de ces monstres. Ses yeux éteints sur la vile humanité disaient à mon âme combien nous nous étions détournés de l'ÉTERNEL. Le calme déchirant recouvrait les hurlements de la nuit d'une étoffe de honte. Dans mon cœur, j'approuvais : « Loin de ce monde, amie d'un soir, repose en paix ».

Le cri de l'homme déchira le ciel. Que signifiait-il ? Remords d'avoir donné l'aimée en pitance à ces porcs ? Honte de sa peur d'affronter les Benjaminites ? Désespoir d'avoir perdu celle qu'il avait été rechercher tant le manque était grand ? Cri de haine qui réclamait vengeance ? Appel vers l'ÉTERNEL ?

Puis, il prit le corps et le chargea sur son âne. Sans un regard, il se mit en route. Et comme chaque Israélite, j'appris qu'arrivé à sa maison, il avait pris un couteau pour découper sa concubine en douze morceaux. Ensuite, il les avait envoyés aux autres tribus d'Israël. Aussitôt, elles dépêchèrent des émissaires dans la tribu de Benjamin afin que les coupables se désignent ou soient désignés. Mais les Benjaminites gardèrent le silence.

Alors les Israélites n'eurent pas d'autres choix que d'affirmer que le sang versé de la jeune femme réclamait le sang des Benjaminites. Le combat commença. Nous le gagnâmes. Mais loin de nous réjouir de cette victoire, nous pleurâmes. Une tribu venait d'être retranchée d'Israël.

Débora, mère en Israël

En ce temps-là, je siégeais, assise sous un palmier, arbre précieux et rare, qui servait de point de repère pour venir à ma rencontre dans la montagne d'Ephraïm. J'étais la femme de Lappidoth. En tant que juge, j'assurais un rôle politique, militaire et juridique. Je réglais les conflits, donnais conseils et assistance selon la Loi de l'ÉTERNEL.

Après la conquête de Canaan, une période de désordre s'ouvrit. Josué mort, Israël n'avait plus de chefs. Chacun faisait ce qui lui plaisait. Nous n'avions jamais éprouvé le besoin d'avoir un roi. Nous avions l'ÉTERNEL. Chaque tribu avait reçu son territoire et vivait repliée sur elle-même. Notre lien était devenu flou.

Malgré mon autorité en tant que juge, le peuple s'accommodait de la situation. L'ÉTERNEL avait marché au rythme de son peuple, tantôt présent pour le sauver tantôt absent pour lui laisser sa liberté. Dieu qui agit, Dieu qui se cache. Alors que notre peuple avait connu l'ÉTERNEL, noué une Alliance avec lui, il s'en était détourné une fois de plus, dans l'oubli des paroles de Josué : « Vous ne prononcerez pas le nom de leurs dieux et vous ne vous prosternerez pas devant eux. C'est seulement à l'ÉTERNEL, votre Dieu, que vous vous attacherez, comme vous l'avez fait jusqu'à ce jour ».

En se sédentarisant, mon peuple, jusqu'alors nomade, s'était imprégné peu à peu des techniques agricoles et artisanales, des coutumes locales. Désormais, il cultivait le sol et exploitait les forêts. Il avait abandonné les tentes, construit des huttes ou s'était installé dans les maisons des villes conquises. Il admettait le rôle bénéfique des dieux locaux dans la culture du sol et sa fertilité. Il servait Baal, dieu du soleil et de l'orage, considéré par les Cananéens comme le plus puissant des dieux ainsi qu'Astarté, déesse de l'amour et de la guerre. Le peuple trahissait ainsi le Très-Haut et se retournait comme un arc infidèle. C'est de cette façon qu'Israël avait provoqué sa perte. Infidèle au SEIGNEUR, depuis plus de vingt ans, notre peuple était sous le joug du roi cananéen Yavîn.

Un jour, les Amoréens décidèrent de nous combattre grâce à leurs chariots de fer pour séparer les peuples du nord des peuples du sud. Ils avaient une puissance militaire supérieure à la nôtre. Or, l'ÉTERNEL, qui ne se lasse ni ne se fatigue de son peuple, m'interpella et parla en moi. Une nouvelle fois, il allait agir pour sauver son peuple. La victoire était garantie : « J'attirerai vers toi Sisera, le chef de l'armée de Yavîn, au torrent du Qishôn, avec ses chars et ses troupes. Je le livrerai entre tes mains ».

À moi l'art de révéler sa parole et de convaincre le chef de notre armée d'unir les tribus pour affronter Sisera. En tant que femme, j'étais soucieuse de la vie. En tant que juge, je portais la promesse que la vie puisse continuer pour Israël. J'envoyai chercher Baraq, fils d'Avinoam, pour combattre l'oppresseur. Je parlais sous l'inspiration de l'ÉTERNEL :

– Notre peuple doit réunir une armée au mont Tabor pour lutter contre Sisera. Le Très-Haut veillera à notre victoire.

Je sentis qu'il n'était pas convaincu. Aucune tactique de guerre ne consistait à placer ses troupes au vu de l'ennemi. Sa réponse me le confirma :

– Si tu viens avec moi, j'irai, mais si tu ne viens pas, je n'irai pas, me répondit-il en se dérobant.

Était-il pleutre ? Confiante dans la voix du Très-Haut, je le mis en garde sur sa requête étonnante, jouant sur sa renommée :

– J'irais bien avec toi ; mais ce n'est pas à toi que reviendra la gloire de ton entreprise, car c'est aux mains d'une femme que l'ÉTERNEL livrera Sisera.

Il ne tint pas compte de cet argument qui pouvait nuire à son image de guerrier et campa sur ses positions. J'acceptai de l'accompagner.

Baraq obtempéra en levant dix mille hommes venus de six tribus de Jacob. Les autres ne répondirent pas à son appel. Je montai avec lui au sommet de la montagne. Sisera l'apprit et se rendit au mont Tabor avec neuf cents chars de fer et toutes les troupes qu'il possédait. Lorsque nous les vîmes arriver, le regard de Baraq se tourna vers moi cherchant à être rassuré. L'ennemi était supérieur en force et je perçus que nos hommes donnaient eux aussi l'avantage à Sisera. Je donnai l'ordre à Baraq de descendre de la montagne avec ses hommes. L'assaut fut donné en dévalant les pentes. Le choc avec l'ennemi serait ainsi plus brutal.

C'est alors que le ciel gronda et se déchira, des éclairs jaillirent, les montagnes ruisselèrent, des pluies torrentielles transformèrent la plaine en un champ de boue. Les chars de l'ennemi s'enfoncèrent comme ceux des Égyptiens. Terrifiés par la tournure soudaine des événements, les puissants guerriers de Sisera s'enfuirent dans toutes les directions. Les Israélites, transportés de joie, les poursuivirent jusqu'à la ville natale de Sisera. Pas un seul des soldats cananéens ne put leur échapper.

Lorsque Sisera se rendit compte de sa défaite imminente, il descendit rapidement de son char et s'enfuit à pied. Baraq me rapporta qu'il l'avait poursuivi jusqu'à la tente de Yaël, femme de Héber le Qénite, car la paix régnait entre Sisera et lui. Yaël l'avait invité dans sa tente pour lui montrer l'homme qu'il recherchait. Il avait découvert Sisera, mort, un piquet enfoncé dans la tempe.

Toutes ces bonnes nouvelles emplirent nos cœurs de reconnaissance. Cette victoire n'était pas seulement la nôtre. Nous rendîmes grâce.

Nous chantâmes un cantique à la gloire de l'ÉTERNEL, qui accompagne l'histoire de notre peuple.

Une terre promise non pour la recevoir,
mais pour la conquérir, quelles que soient les épreuves,
et la garder toujours loin de l'idolâtrie.
Louâmes les tribus qui avaient bravé la mort,
Reconnûmes celles qui étaient restées sourdes,
à l'appel de leur peuple et à la voix de l'ÉTERNEL.
Le ciel se déchira, la pluie se déversa.
Gloire au torrent de Qishôn et à la boue.
Bénie entre les femmes soit Yaël, courageuse.
À ses pieds, Sisera s'écroula et mourut.
Sois bénie parmi les femmes, sois bénie Yaël
Réveille-toi, réveille-toi, Israël de ta torpeur
Retrouve ta foi dans ton seul et unique Dieu
Ainsi périssent tes ennemis
Ainsi brille la lumière sur toutes les générations
Réjouissez-vous dans le SEIGNEUR, bénissez son Nom.

Cette victoire sonna le réveil de notre peuple.

Yaël, bénie entre les femmes

Mon époux Héber était absent lorsque je vis Sisera arriver à pied vers ma tente. Je compris à sa tenue et à sa mine qu'une bataille avait eu lieu et qu'il était défait. Comme beaucoup de femmes, je méprisais cet homme. Il ne nous respectait pas. Pour lui, une femme n'était qu'un objet de jouissance. À chacune de ses victoires, il ramenait, parmi son butin, une ou deux jeunes filles par guerrier. Je craignais de rester seule avec lui. Il me demanda de le cacher. Il était en fuite. Je l'invitai à contrecœur à entrer dans ma tente.

Tant qu'il était en vie, même faible, cet homme pervers représentait un danger pour les Enfants d'Israël. Notre clan, tout en reconnaissant l'ÉTERNEL comme son Dieu, vivait en paix avec Yabîn. Tandis que je le dissimulais sous une couverture, mon esprit s'activa. Les questions fusaient de toutes parts. Quelle action était juste ? Enfreindre une loi pour sauver un peuple ou faire une bonne action à des fins personnelles ? Laisser un tyran se reposer pour qu'il puisse ensuite anéantir un peuple ou l'empêcher de nuire à nouveau ? Fallait-il laisser les hommes s'entretuer ou la femme qui donnait la vie se devait-elle d'intervenir ? Entre lâcheté et violence, quel était le bon choix ?

Mon âme me disait que je devais l'empêcher de nuire. J'écoutai son message : « Coule le miel de Débora[7] et le lait de Yaël ».

---

7. Qui veut dire « abeille ».

Aussitôt, de nouvelles questions émergèrent. De quelle manière la femme pouvait-elle combattre ? En le tuant ? Et comment ? En avais-je vraiment le droit, le pouvoir ou la force ? Pouvais-je briser les lois de l'hospitalité ? Était-il possible au nom d'une cause légitime d'outrepasser les commandements de l'ÉTERNEL donnés à Moïse au mont Sinaï ? Pouvais-je utiliser la loi du talion et lui infliger ce qu'il avait fait subir aux autres ?

Une femme ne devait pas porter le costume d'un homme, ni vêtements ni armes. J'implorai l'ÉTERNEL de me guider, de se révéler en moi dans l'action à entreprendre.

Soudain, je compris ce que je devais faire.

Sisera me demanda de l'eau, je lui offris du lait afin de hâter son sommeil. Dans une coupe précieuse, je lui apportai de la crème. Je devais accentuer sa faiblesse. Le laisser se faire envelopper par la douceur maternelle rassurante, afin qu'il s'endorme sans crainte.

Sisera s'endormit rapidement et profondément.

Sans attendre, je mis mon plan à exécution. Dans la main gauche, je saisis un marteau. Dans l'autre, l'un des pieux qui fixaient la tente. Je posai le piquet contre sa tempe. De toutes mes forces, je l'enfonçai d'un grand coup de marteau. Je lui transperçai la tempe et lui fracassai la tête.

Je m'assis près de lui. Mon cœur s'accéléra. Mes mains se mirent à trembler. J'étais sous le choc de ce que je venais d'accomplir. Alors que j'attendais mon époux, c'est Baraq qui arriva. Je sortis au-devant de lui.

– Viens, lui dis-je, je te ferai voir l'homme que tu cherches.

Baraq entra dans la tente et découvrit Sisera, mort. Dans son regard, je vis que cela était juste.

Noémi, belle-mère aimante et généreuse

Notre pays dépendait des eaux de pluie et de la rosée. Et cette année-là, la pluie avait décidé d'arroser d'autres terres que la nôtre. L'ÉTERNEL s'était-il retiré à cause de l'inconduite morale et spirituelle de son peuple ? Notre pays avait adopté l'irrigation des Égyptiens, mais limitait cette pratique au potager par manque d'eau. Une famine sévit et mon mari Élimélek décida de partir du pays de Juda vers les champs de Moab, sur l'autre rive du Jourdain. Il voulait fuir la misère. Durant un très long trajet difficile, dans une région montagneuse et désertique, je m'interrogeais sur son choix. Moab était reconnue comme une terre peu vertueuse. Cependant, nous nous établîmes avec nos deux garçons dans le pays de Loth. Mon mari mourut. Mes fils épousèrent des Moabites, Orpa et Ruth. Nous vécûmes dans cette région dix ans avant que la mort emporte, l'un après l'autre, mes deux fils. Était-ce le prix de notre infidélité à la Terre promise ?

Apprenant la fin de la famine, veuve, sans le soutien de mes fils et sans descendance, je décidai de repartir dans mon pays. Mes belles-filles étaient encore jeunes, je me devais de leur rendre la liberté et de les libérer du mohar [8] : « Partez donc et retournez

---

8. Ou encore douaire, somme destinée à compenser la famille de la mariée de la perte d'un de ses membres. En les libérant, elles ne sont plus la propriété de la famille d'Élimélek, ce qui est un geste de renonciation très fort de la part de Noémie qui leur rend ainsi leur amour.

chacune à la maison de votre mère. Je vous souhaite de trouver une vie paisible auprès d'un mari ».

Mes belles-filles pleurèrent et me supplièrent de rester avec moi. Mais je souhaitais le meilleur pour mes brus. Elles méritaient une autre destinée que celle de veuves ou d'étrangères. Au fil des ans, nous avions tissé des liens d'amour. Nous avions fêté les belles récoltes de blé. Nous riions beaucoup en pétrissant notre pain. Nous avions uni nos forces dans les épreuves. Nous nous étions soutenues, à tour de rôle, dans nos deuils respectifs. Et tous ces moments partagés, heureux et malheureux, avaient uni nos cœurs. Mais la réalité s'imposait à nous. Je n'avais pas d'autres fils à leur donner. Parce que je les aimais, j'essayai de les convaincre de rester dans leur pays afin qu'elles puissent refaire leur vie.

Orpa, les larmes aux yeux, acquiesça. Elle m'embrassa tendrement. Je la serrai dans mes bras. Elle savait que cette séparation était le meilleur des choix. Sa vie était parmi les siens.

J'incitai Ruth, d'un regard encourageant, à me quitter à son tour. Comme elle s'obstinait à m'accompagner, je lui ordonnai : « Suis Orpa, retourne vers ton peuple et vers ton dieu. Que l'ÉTERNEL agisse avec toi comme avec Orpa, avec bonté, comme vous avez agi envers les défunts et envers moi ». Mais Ruth refusa de me quitter : « Où tu iras, j'irai. Où tu demeureras, je demeurerai. Ton peuple sera mon peuple et ton Dieu sera mon Dieu. Là où tu mourras, je veux mourir aussi et y être enterrée. Que l'ÉTERNEL m'en fasse autant et plus, si jamais je me sépare de toi autrement que par la mort », déclara-t-elle solennellement. Je cessai d'insister devant tant d'amour, car je voyais en elle non seulement une fille, mais celle de l'ÉTERNEL. En se reconnaissant sans réserve de notre peuple, de son histoire et de sa terre, en acceptant notre Dieu, elle était des nôtres. Nous partîmes ensemble sur le difficile chemin du retour. Ruth marchait avec l'élan d'une fiancée vers Israël.

Nous arrivâmes à Bethléem au début de la moisson des orges. Lorsque les femmes me reconnurent, elles furent stupéfaites. Adieu les rêves qui berçaient mon époux en quittant Bethléem. « Comblée j'étais partie, vide j'étais revenue » voilà ce qu'était mon destin. Je l'évoquai à ces femmes qui ne nous proposèrent aucune aide. Nous avions faim et soif. Elles ne le virent pas. Notre départ en terre de Moab avait-il été assimilé à de la trahison ? Visiblement, nous n'étions pas les bienvenues. Il m'était déjà si difficile de revenir, sans rien, dans le pays que nous avions quitté autrefois riches. Pour la première fois de ma vie, j'éprouvai de l'amertume.

Comme la tradition le voulait, les épis tombés dans les champs ne devaient pas être ramassés. Ils étaient réservés aux nécessiteux. Ruth me demanda la permission d'aller glaner. Nous avions faim. Je lui donnai mon accord.

Lorsque Ruth revint, elle me dit qu'elle avait glané chez Booz. Ce nom m'était connu, il s'agissait d'un parent de mon mari. Je vis, dans cette coïncidence, la main de Dieu. D'autant plus, que Booz avait le droit de rachat sur notre terre acquise au temps de la prospérité de mon époux. En effet, sa parenté lui permettait de la racheter selon le droit coutumier du lévirat : « Si ton frère est ruiné et vend son bien, que vienne son plus proche parent pour racheter ce qu'il a vendu ». J'encourageai Ruth à continuer à glaner dans ce champ, car même s'il ne fallait pas opprimer les veuves, j'avais peur qu'elle soit maltraitée à glaner ainsi ailleurs toute la journée.

Au fil du temps, j'entrevoyais plus précisément l'avenir de ma belle-fille. Je voulais aider celle qui ne m'avait pas abandonnée à la solitude et à la misère. Booz n'était pas arrivé dans notre vie par hasard. Je devais inviter Ruth à encourager le plan de l'ÉTERNEL. L'histoire des femmes, avant nous, m'inspira. En particulier, celle de Tamar qui avait su avoir un enfant de son beau-père, Juda. Au-delà de son stratagème, Tamar avait voulu montrer qu'elle n'était pas une femme maudite qui avait tué ses époux. Elle avait prouvé que la fatalité n'existait pas. Elle était la continuité de la vie, Ruth devait agir comme Tamar. C'est cette intention qui m'animait lorsque je lui donnai l'ordre suivant : « Lave-toi et parfume-toi. Va rejoindre Booz dès qu'il aura mangé et bu. Mais pas avant. Dès qu'il sera couché, tu dégageras une place à ses pieds et tu te coucheras. Il te fera savoir lui-même ce que tu devras faire ». Ruth m'obéit.

Quand Ruth revint, mon cœur battait d'appréhension. Mon plan avait-il fonctionné ? Je souhaitais tant la voir sortir de son veuvage. Elle était si jeune, si belle, si exceptionnelle dans sa bonté et sa générosité. Elle méritait une seconde chance. Sans paraître trop curieuse, je lui posai une question que je voulais anodine à ses yeux : « Qu'en est-il de toi, ma fille ? ». Aux premiers abords, sa réponse me décontenança : « Il m'a donné six parts d'orge afin que je ne revienne pas les mains vides ». Puis, je m'interrogeai sur la raison de ce don généreux. Fallait-il voir dans ce geste une raison d'espérer ?

Je ne mis pas longtemps avant de recevoir une réponse. Celle-ci me fut donnée directement par Booz. Il vint m'informer que le premier parent à avoir le droit de rachat sur ma terre s'était désisté devant des anciens comme témoins. « Il était intéressé, mais lorsque je lui ai dit que le jour où il acquerra ce champ, il aurait aussi Ruth la Moabite, la femme de celui qui est mort afin de perpétuer le nom du mort sur son patrimoine, il a refusé. Il a eu peur, en prenant la veuve, de nuire à son patrimoine. Il a ôté sa sandale et me la remise[9] », précisa-t-il, afin de me faire savoir que le contrat était définitif. Je compris aussitôt que ce premier parent avait craint d'épouser une étrangère, de plus une Moabite, et enfin une veuve, dont le premier fils perpétuerait le nom de son père. En revanche, je me réjouissais que Booz n'eût pas cet apriori.

Il poursuivit, la joue et l'œil en feu : « Alors tous les gens qui se trouvaient à la porte ont affirmé être témoins de l'affaire. Ils m'ont souhaité de me faire un nom dans Bethléem. Ils ont surtout prononcé une bénédiction en faveur de ma descendance par la grâce de l'ÉTERNEL en l'associant aux noms des femmes de notre histoire : Rachel, Léa et Tamar. » À ce dernier nom, je souris intérieurement. Mais plus sérieusement, je sus que l'histoire de Booz et de Ruth, rendue publique, était le signe de la bénédiction divine. Ruth, l'étrangère était citée à côté des mères du peuple. J'étais emplie de reconnaissance.

Aussitôt, Booz réitéra son engagement devant moi. Non seulement pour la terre, mais pour prendre Ruth pour épouse et perpétuer le nom de Mahlôn afin qu'il ne soit ni retranché d'entre ses frères ni sur la porte de sa ville. Toutes ses propositions allaient au-delà de mes espérances. De vide, je fus comblée.

Lorsque Ruth me donna un fils, Obeb, je sus que non seulement la descendance d'Élimélek était assurée, mais aussi celle de notre peuple [10]. Les voisines eurent vite fait d'affirmer qu'il serait pour moi un consolateur « Car il a pour mère ta bru qui t'aime et qui vaut mieux pour toi que sept fils. » Oui, moi qui avais douté un jour de l'amour de l'ÉTERNEL, j'étais vraiment comblée.

---

9. Rituel qui signifie que l'affaire est conclue.
10. Obeb, père de Jessé, père du roi David.

Ruth, la première convertie

Lorsque mon époux mourut, mes yeux le cherchèrent longtemps dans les cieux. La vie n'était plus comme avant, il laissait trois femmes meurtries, chacune par la perte de l'homme de la maison. Dans notre malheur, nous avions la joie de former une communauté de femmes unies. Noémi, Orpa et moi. J'aimais Noémi comme une mère. Elle était pour moi un modèle de féminité et de piété. Douce, accueillante, sage. Tous ses actes reflétaient l'amour qu'elle portait à son Dieu. Elle était l'amour vivant de l'ÉTERNEL. Celui-ci n'avait rien de comparable aux nombreux dieux qu'adoraient les Moabites. En effet, en l'honneur de Moloch, de jeunes enfants étaient impitoyablement jetés au feu. Des tambours et d'autres instruments couvraient les cris de ces victimes innocentes. J'étais choquée par la cruauté de ce dieu, dévoreur d'enfants. J'ai donc suivi Naomi dans l'amour de son prochain et de son Dieu, plutôt qu'une vérité abstraite sur le Dieu sauveur des Israélites. J'avais remarqué que si l'homme étudiait la Loi de Dieu, c'est la femme qui en traduisait les principes de manière concrète au quotidien.

Lorsque nous arrivâmes au pays de Noémi, la famine avait desserré son étreinte. Les champs généreux offraient leurs gerbes d'orge aux moissonneurs. Je glanais des épis toute la journée, reconnaissante à dame Nature et aux mains maladroites qui les laissaient tomber. Or, voici que le propriétaire du champ arriva et demanda qui j'étais à ses serviteurs. Un moissonneur qui commandait aux serviteurs répondit d'une voix méprisante que j'étais « la Moabite ». Je baissai la tête.

Notre peuple était maudit, deux fois maudit, par les Israélites. La première fois, à cause des filles de Loth. Loth, neveu d'Abraham l'avait quitté pour le pays de Sodome, ville inhospitalière et débauchée. Ses habitants ne vivaient plus selon la loi divine, qui consistait à vivre leur sexualité en couple de sexes différents et non entre hommes. Des messagers divins informèrent Loth que Sodome et Gomorrhe allaient être détruites par une pluie de soufre et de feu. Il se réfugia dans la montagne avec ses filles. La femme de Loth se retourna pour regarder Sodome une dernière fois et se transforma en statue de sel. En regardant en arrière, regrettait-elle déjà son mode de vie ou à la manière d'Ève avait-elle bravé l'interdit ? N'ayant pas d'enfants, ses filles eurent l'idée d'enivrer leur père et de s'unir à lui afin d'assurer sa descendance. Elles avaient préféré briser le tabou de l'inceste que de faire une mésalliance avec d'autres peuples. De cette union, naquirent Ben-Ammi, père des Ammonites et Moab, père des Moabites. L'égoïsme de cette tribu fut la deuxième cause de la mésentente. À la sortie d'Égypte, contrairement aux lois de l'hospitalité, les Moabites refusèrent du pain et de l'eau aux Hébreux en fuite.

Le chef des moissonneurs indiqua que j'étais partie avec Noémi du pays Moab pour venir vivre ici. Il ajouta que depuis mon arrivée dans le champ, j'étais restée depuis le matin jusqu'à présent sans à peine me reposer. Louait-il mon courage ou se plaignait-il de ma présence ? Mais le propriétaire décida avec bonté de mon sort : « Ne va pas glaner dans un autre champ. J'ai interdit aux serviteurs de t'humilier. Si tu as soif, sers-toi de l'eau dans les cruches. » Stupéfaite par sa générosité et sa tolérance envers une étrangère, de surcroît moabite, je me prosternai devant lui. Aussi piquée par la curiosité, j'osai lui demander ce qui motivait une telle clémence. Sans prendre ombrage de ma question, il me répondit gentiment : « On m'a rapporté tout ce que tu as fait pour ta belle-mère après la mort de ton mari. Comment tu as quitté ton pays natal pour te rendre chez un peuple que tu n'avais jamais connu, ni d'hier ni d'avant-hier. Alors que l'ÉTERNEL te rende ce que tu as fait ». Au moment du repas, il m'offrit du pain à tremper dans du vinaigre et des grains rôtis. Je mangeai avec plaisir. J'étais rassasiée et j'en laissai.

Lorsque je rentrai chez Noémi, j'avais une mesure d'orge et les restes de mon repas à lui offrir. À la demande du propriétaire, les serviteurs avaient laissé tomber quelques épis de leurs javelles. Ils ne m'avaient pas rabrouée. Lorsque je contai ma journée, elle m'expliqua que cet homme, Booz, était un proche parent de son époux et qu'il avait le droit de rachat sur sa terre. « Béni soit celui qui t'a reconnue, car il n'a cessé d'être bon pour les vivants et pour les morts », ajouta-t-elle, enchantée par cette rencontre.

Elle me conseilla de rester dans son champ. Je suivis son conseil, car j'avais l'approbation de son propriétaire. Jusqu'à la fin des moissons, je glanais de l'orge et du blé, sur ses terres. J'avais appris à suivre chaque moissonneur qui faisait sa javelle en coupant autant d'épis que sa main pouvait en contenir. Il tirait alors quelques tiges de blé ou d'orge pour la lier. Il la jetait à terre. C'est à ce moment-là que j'allais ramasser les épis tombés avant que d'autres passent pour les mettre en tas et en faire des gerbes.

Trois mois plus tard, ma belle-mère m'interrogea : « Ma fille, ne devrais-je pas chercher à te procurer un foyer qui fasse ton bonheur ? » J'étais heureuse dans la maison de Noémi, mais comme lors de son départ du pays Moab, elle me parla de refaire ma vie. Et elle avait en vue Booz, veuf. Je souriais à écouter la manière dont j'allais m'y prendre pour le conquérir. Je découvrais une Noémi conspiratrice, mais plus inspirée par mon bonheur que par le désir de piéger un homme. Pour cette raison, je suivis son plan à la lettre.

Je descendis sur l'aire de battage, là où cet homme vannait l'orge. Je me fis si discrète qu'il ne me vit pas. Lorsqu'il eut mangé et bu, il alla se coucher contre une meule. Alors avec délicatesse, je découvris ses pieds et me couchai à ses côtés. Je veillais, écoutant dans la nuit douce, les grelots des troupeaux. Au bout d'un certain temps, il se réveilla. Dans l'obscurité, déshabillé et sentant une femme blottie tout contre lui, il demanda : « Qui es-tu ? ». « Je suis Ruth », dis-je délicatement pour ne pas l'effrayer. Puis, je l'invitai à étendre le pan de son manteau sur moi, car il était racheteur [11]. Proposition quelque peu hardie, mais il perçut mon attachement pour lui. Lorsqu'il me répondit qu'un parent plus proche avait avant lui le droit de rachat, je frissonnai de déception. « Passe la nuit ici et demain matin, s'il veut te racheter qu'il te rachète. Mais s'il ne veut pas, c'est moi qui te rachèterai. Sois sans crainte, car tout le monde sait que tu es une femme de valeur ». Je restai couchée à ses pieds.

Le lendemain matin, avant l'heure du lever du soleil, il se leva avant qu'on puisse nous reconnaître. Il me fit une demande insolite : « Présente le châle que tu portes et tiens-le bien ». Il le remplit de six mesures d'orge : « Ne rentre pas chez ta belle-mère les mains vides ». Je n'arrivais pas à saisir le sens de cette phrase. Avait-il compris ma demande en mariage en s'acquittant ainsi

11. D'après le lévitique, il existe un droit de rachat des biens et des personnes.

auprès de Noémi ? Voulait-il protéger ma réputation ou la sienne ?

Lorsque j'arrivai dans la maison de Noémi, elle m'attendait. Je compris qu'elle avait hâte de savoir si j'avais réussi. Je lui racontai tout en détail. L'idée d'un premier parent m'attristait. Je ne le connaissais pas. Quel genre d'homme était-il ? Noémi comprit que mon cœur attendait Booz. Elle me rassura, le connaissant, je n'aurai pas à attendre trop longtemps, il allait conclure cette affaire dans la journée.

Et ce qui avait été dit fut accompli. Booz s'entretint avec ma belle-mère puis il vint vers moi, souriant. « J'ai racheté la terre de Noémi et j'acquiers en même temps pour femme Ruth la Moabite, veuve de Mahlôn, pour perpétuer le nom du mort sur son héritage ». Ces paroles effacèrent tristesse et pauvreté et remplirent mon cœur de gratitude et d'amour. J'avais la chance de refaire ma vie avec un homme juste. Tandis que le premier parent mieux placé avait montré qu'il avait trop à perdre, Booz avait su voir que nul n'est étranger aux yeux du Très-Haut.

De notre union, naquit rapidement un fils. Les voisines lui donnèrent un nom : Obed. L'ÉTERNEL avait toujours été présent. Pas seulement dans mon cœur, mais dans chaque instant de ma vie.

Le cantique d'Anne

J'étais la femme d'Elqana, originaire de la ville de Rama. Mon époux m'aimait tendrement, mais comme Sara épouse d'Abraham ou encore Rachel épouse de Jacob, j'étais stérile. Elqana avait donc pris une seconde femme, Peninna, qui lui avait donné des fils et des filles. Les relations entre elle et moi étaient difficiles. J'étais l'aimée, elle était la mère des enfants de mon époux. Par des paroles blessantes sur ma stérilité, elle tentait de me mettre en colère. Humiliée, je résistais à ne pas me laisser emporter par mes émotions, mais ses mots ironiques blessaient profondément mon cœur.

Nous étions fidèles au sanctuaire de Silo. Mon époux était d'une grande piété et son cœur était noble. Chaque année, il allait offrir un de nos animaux d'élevage, un mâle, à l'ÉTERNEL. Sur le parvis du Temple, il présentait son offrande. Il imposait la main sur l'animal avant de l'égorger. Le prêtre, ayant recueilli le sang, l'aspergeait contre l'autel en mémoire du sang sur le linteau des portes, marquant les demeures des Hébreux avant la sortie d'Égypte. Puis, il faisait brûler la graisse de l'animal, la part de l'ÉTERNEL, la meilleure des parts. Un parfum reposant émanait de cette combustion. Lors du sacrifice, la coutume voulait que ce don prenne la forme d'un repas préparé en vue d'honorer le Saint Nom. Contrairement aux peuples idolâtres, nos sacrifices n'étaient pas des sacrifices humains. Pour nous, ils constituaient un temps de convivialité, de joie, un trait d'union avec un Dieu présent, vivant, à la fois autre et semblable à son peuple, avec qui il communiquait. Elqana donnait des portions de l'animal sacrifié à Peninna et à ses enfants. Pour moi, la femme stérile, une part d'honneur.

Ce jour-là, je restai sans manger. La gorge serrée, je ne pouvais ni louer l'ÉTERNEL pour ses bienfaits ni avaler le moindre morceau de viande. À cause d'une faute inconnue, j'étais impuissante à donner des fruits à la Parole livrée. Mon mari comprit ce qui me rendait malheureuse. Compatissant, il tenta de chasser la tristesse qu'il lisait dans mes yeux : « Est-ce que je ne vaux pas pour toi plus que dix fils ? ». S'il était cher à mon cœur, il ne pouvait remplacer un seul fils. Il n'y avait rien de plus beau que de porter la vie, de mettre au monde un enfant, de le nourrir, de le voir grandir. Mais comment lui expliquer ce cruel manque ? Un arbre sec, une présence morte. Voilà ce que j'étais. Je hochai la tête sans rien dire. J'aurai été indigne d'offrir ma souffrance en retour de son amour.

Debout devant le sanctuaire, je pleurai et suppliai l'ÉTERNEL de m'accorder un fils. Rien ne lui était impossible. Quand Dieu le veut, Dieu le peut. Il pouvait lever ma malédiction et me délivrer de ma stérilité. Je fis le vœu que si ma prière était exaucée, je consacrerais mon enfant toute sa vie à l'ÉTERNEL. Je murmurais, mes lèvres remuaient sans émettre aucun son : « Seigneur de l'univers, si tu veux bien regarder l'humiliation de ta servante, te souvenir de moi, ne pas m'oublier, et me donner un fils, je le donnerai au SEIGNEUR pour toute sa vie et le rasoir ne passera pas sur sa tête ». Le prêtre se dirigea vers moi et se méprit sur mon attitude, car la prière se faisait habituellement à voix haute : « Jusqu'à quand seras-tu dans l'ivresse ? Va dessoûler ! ». Stupéfaite qu'il puisse me croire ivre, je lui demandai de ne pas me juger. Je lui expliquai ma détresse. Ses yeux si méprisants s'emplirent alors de compassion. Il me bénit : « Va en paix et que le Dieu d'Israël t'accorde ce que tu lui as demandé ». Par cette bénédiction, mon cœur ressentit que Dieu m'avait entendue. Pour la première fois, je souris sur le chemin du retour.

Ma joie remplaça mes larmes lorsque je fus enceinte. Je mis au monde un fils, Samuel « Dieu l'exauce ». Je remerciai le Saint Nom de toute mon âme. Il avait tenu sa promesse, je tiendrai la mienne. Désormais, j'étais reconnue.

Lorsque mon époux partit offrir le sacrifice annuel, je restai à la maison. « Tant que Samuel ne sera pas sevré, je le garderai près de moi. Puis, j'irai le présenter au SEIGNEUR et il y restera pour toujours ». Elqana me répondit : « Fais comme il te plait ». Dans sa sagesse, il reconnaissait que l'enfant était un don de Dieu et qu'aucun enfant n'était la propriété de ses parents. Je l'en aimai davantage.

Dès que Samuel eut trois ans, je l'emmenai dans le temple de Silo. J'emportai avec moi, un taureau de l'âge de Samuel, une mesure de farine et une outre de vin. Nous immolâmes le taureau et je conduisis l'enfant au prêtre Éli. « Je suis la femme que tu croyais ivre alors que je suppliais l'ÉTERNEL de m'accorder un enfant. Il a entendu ma prière et je dois respecter ma promesse de le lui consacrer. » Il s'engagea à s'occuper de lui et à l'élever comme un fils parmi ses fils.

Alors je louai L'ÉTERNEL, maître des destinées humaines, dans un cantique [12]. Je rendis grâce :

Mon cœur exulte le SEIGNEUR,
Mon front s'est relevé grâce à lui.
Face à mes ennemis, s'ouvre ma bouche
Je me suis réjouie du salut que j'ai reçu.

---

12. Il s'agit d'un résumé du cantique d'Anne.

Nul n'est saint comme l'ÉTERNEL ;
Il n'y a point d'autre Dieu que lui ;
Il n'y a point de rocher comme notre Dieu.
L'arc des forts est brisé, mais le faible se revêt de vigueur.
De la poussière, il relève le faible, il retire le malheureux du fumier
pour qu'il siège parmi les princes et reçoive un trône de gloire.
Au SEIGNEUR, les colonnes de la terre : sur elles, il a posé le monde.

Puis, nous prîmes le chemin du retour. Chaque année, lorsque nous allions au Temple pour le sacrifice annuel, je portais des vêtements à mon fils, si heureuse de le retrouver. Puis, j'eus l'immense joie de donner la vie à trois fils et deux filles.

Mikal, l'amour sauveur

Le prophète Samuel avait consacré mon père Saül comme roi. De grands dangers menaçaient les tribus d'Israël. Les Philistins établis sur la côte méditerranéenne mettaient la région à feu et à sang. Ils voulaient conquérir le pays de Canaan. Pour repousser l'ennemi, le peuple souhaitait placer un roi à sa tête, comme le faisaient les autres nations. Alors Samuel convoqua toutes les tribus d'Israël, et la tribu de Benjamin fut choisie. Mon père, fils de Quish, fut désigné comme premier roi d'Israël.

Mais depuis cette époque, l'esprit de l'ÉTERNEL s'était retiré de mon père Saül et un mauvais esprit le tourmentait. Des serviteurs lui proposèrent d'aller quérir un joueur de cithare pour soulager ses crises d'abattement. L'un deux avait entendu parler d'un certain David, fils de Jessé, berger à Bethléem, musicien et poète. Mon père dépêcha des messagers à Jessé lui demandant d'envoyer son fils. C'est ainsi que je fis la connaissance de David.

Le serviteur n'avait pas menti. David était un très beau jeune homme. Ses cheveux roux encadraient son agréable visage poupin. Il jouait bien de la lyre et sa musique calmait mon père. Ses poèmes chantaient l'ÉTERNEL, un dieu berger qui menait ses troupeaux vers l'herbe fraîche, vers les eaux du repos et les sentiers de la justice. Un SEIGNEUR qui desserrait l'angoisse des cœurs et effaçait toutes les peines afin que le bonheur habite l'âme. Ses mots délivrèrent momentanément mon père de ses angoisses.

En effet, depuis quarante jours, un géant fort comme un taureau, couvert de bronze de la tête au pied, défiait notre armée. Ce Philistin sommait qu'on lui envoyât un adversaire digne de lui. Il jurait que l'issue de ce combat scellerait le sort des deux armées : « S'il est assez fort pour me battre, nous serons vos esclaves. Si je suis le plus fort, vous serez nos esclaves. » Mais aucun guerrier d'Israël n'osait affronter ce colosse. Mon père désespérait de trouver parmi ses rangs un adversaire à la hauteur.

Tandis qu'il revenait de voir ses frères au front, David proposa d'affronter ce monstre. Mon père releva son manque d'expérience au combat : « Tu n'es qu'un gamin alors que ce Philistin est un guerrier expérimenté ». Cependant, David lui opposa sa pratique de berger. Il lui raconta ses combats victorieux contre les ours et les lions qui s'attaquaient à son troupeau. « Le SEIGNEUR qui m'a sauvé de ces bêtes féroces me sauvera du Philistin », affirma-t-il avec aplomb. Et il surenchérit : « De même que je défendais le troupeau contre ces fauves, je combattrai celui-là pour Israël ». Mon père revêtit alors David de sa tenue militaire, lui mit sur la tête un casque de bronze, lui fit endosser une cuirasse et le ceignit de son épée. Mais au premier pas, David comprit qu'il était trop empêtré dans une telle tenue pour remporter la victoire. Il enleva cet équipement de guerre trop lourd et partit braver ce terrible adversaire, un bâton en main, de l'autre sa fronde et son sac de berger empli de pierres bien lisses.

Mon frère nous raconta que lorsque le géant vit David, il le méprisa : « Suis-je un chien pour que tu viennes contre moi avec un bâton ? ». Ni la taille impressionnante du Philistin ni ses mots cinglants ne déstabilisèrent David qui lui rétorqua : « Tu marches contre moi avec épée, lance et cimeterre tandis que je marche avec le Dieu des lignes d'Israël que tu as défiées ». Dès que le Philistin s'avança, David mit la main dans son sac, prit une pierre qu'il tira avec sa fronde. Il atteignit le colosse au front. Il tomba à terre. C'est ainsi que David triompha de Goliath, avec une fronde et une pierre. Le combat d'un berger contre un homme de guerre, il l'emporta. Puis, de son épée, il lui trancha la tête. Les Philistins, voyant que Goliath était mort, s'enfuirent. Les hommes d'Israël et de Juda les poursuivirent et les tuèrent.

Cette victoire changea le regard qu'on portait sur David. Il n'était plus un doux berger musicien et poète, mais un héros. Mon frère Jonathan et David devinrent des amis inséparables. Jonathan aimait David. Il lui donna son manteau, sa tenue, son arc, son ceinturon et son épée. David aimait Jonathan. Moi, j'aimais David. Mais David ne le savait pas. Désormais, il remportait des succès guerriers si bien que mon père le mit à la tête de son armée. Les officiers de Saül aimaient David. Tout était pour le mieux. Je le croyais.

À leur retour, après la victoire de David sur le Philistin, les femmes sortirent dans la rue, elles dansaient et chantaient :

« Saül a tué ses milliers
Et David ses myriades »

Ces chants d'honneur pour David firent naître la jalousie de mon père. La joie, l'enthousiasme, la passion du peuple alimentèrent sa colère et son hostilité obsessionnelles envers le nouveau héros. Il disait à qui voulait l'entendre, « On a donné des myriades à David et à moi des milliers, il ne lui manque que la royauté ». Ce trop-plein d'amour pour David fit déborder de haine le cœur de mon père. Le lendemain, il entra dans un délire à nul autre pareil. David accourut auprès de lui avec sa cithare pour le calmer. Soudain, mon père hurla : « Je vais te clouer au mur » et il jeta sa lance contre David. Ce dernier l'évita. Puis Saül le manqua encore. J'étais pétrifiée. Mon père était-il devenu fou ?

Mon père écarta David de son chemin en l'envoyant combattre nos ennemis, les Philistins. Il lui promit en retour la main de ma sœur aînée Mérav. Étonnamment, je n'en conçus aucune jalousie, mais plutôt de la peur, car j'avais le sentiment que mon père comptait sur le non-retour du guerrier. En l'envoyant à la guerre, c'est sa mort qu'il espérait. D'ailleurs, persuadé de sa mort prochaine, mon père donna Mérav à Adriël de Mehola. Mais David revint, sain et sauf.

Avec l'audace que donne l'amour, j'allai déclarer à mon père mes sentiments pour David. À ma grande surprise, il accepta de me donner à lui. Regrettait-il d'avoir trahi sa parole avec Mérav ? Très vite, je compris qu'il voyait dans ce mariage une autre occasion de se débarrasser de David. En échange de ma main, mon père demanda cent prépuces de Philistins. David repartit à la guerre et tua deux cents Philistins. Cette fois, je veillais à ce que m'on père respectât sa parole. Je redoutais un nouveau piège. Lorsque mon père reçut son dû, plus rien ne pouvait s'opposer au mariage. David m'épousa. J'allais pouvoir vivre pleinement l'amour que j'éprouvais pour lui. David était désormais le gendre du roi. Ce statut déplaisait à mon père. Il voyait maintenant en lui un rival à sa descendance pour accéder au trône. D'autant plus que Jonathan et moi prenions ouvertement la défense de David, ce qui renforçait sa légitimité. Mon père ne décoléra plus. L'idée qu'un simple berger fut désormais un rival emplissait son cœur de terribles rancœurs et de fureurs.

La guerre couvrait David de gloire. Il était aimé de toute la maison d'Israël. La jalousie de mon père devint telle que seule l'élimination de son ennemi pourrait le libérer de ses pulsions délirantes. Puisque les Philistins n'avaient pas eu raison de David, il se devait d'agir. Il confia à mon frère Jonathan son projet de meurtre. Entre l'amitié et l'amour filial, mon frère se laissa guider par son sentiment de justice. David était honnête et fidèle à son roi. Il ne porterait jamais la main contre son Saül, oint par l'ÉTERNEL. Rien ne pouvait justifier son assassinat. C'est pourquoi Jonathan nous informa que si David ne partait pas dans la nuit, demain matin il serait mort.

Lorsque la nuit eut enveloppé toute la demeure, David s'échappa par la fenêtre. Pour mettre de la distance entre lui et les serviteurs de mon père, je pris une idole, la roulai dans un vêtement et le coiffai d'une tresse en poil de chèvre pour faire croire à sa présence dans le lit. Au petit matin, les messagers de mon père vinrent pour s'emparer de David. Je mentis. Toujours dans le but de gagner du temps, je déclarai que mon époux était couché, car malade. Mais mon père voulait sa mort. Malade ou pas, il fit lever ce qu'il croyait être mon mari. En découvrant la supercherie, il m'accusa d'avoir laissé échapper son ennemi. Je lui répondis que je n'avais pas eu le choix, car il m'aurait tuée. Comme mon frère, j'avais choisi de sauver David sans combattre notre père.

Durant son exil, bien que je fusse toujours mariée à David, mon père décida de me remarier de force à Paltiël. Souhaitait-il me punir d'avoir aidé David à s'enfuir ? Voulait-il effacer toute trace de l'existence de David ? Dans le silence de mes journées, je pensais souvent à mon bien-aimé. M'aimait-il autant que je l'aimais ou voulait-il simplement être le gendre du roi ? Connaissant le caractère colérique de mon père, j'avais pris des risques pour sauver mon époux. Et lui ? En aurait-il pris pour moi ?

L'absence de David ne guérissait pas mon père de son ressentiment. Il le traquait comme une bête sauvage. Sous le regard de l'ÉTERNEL, j'eus honte lorsque j'appris que mon père avait fait tuer quatre-vingt-cinq prêtres au sanctuaire de Nov parce qu'ils avaient donné du pain et l'épée de Goliath à David. Puis, il se mit en tête d'attaquer Qéïla alors que David s'était porté au secours des habitants de la ville menacés par nos ennemis. Son plan échoua. Puis il apprit par des informateurs que David et ses troupes s'étaient réfugiés dans le désert de Zif. Mon frère Jonathan partit prévenir son ami. Il m'annonça qu'il avait alors fait la promesse à David qu'il règnerait sur Israël et qu'il serait son second. La chasse à l'homme de mon père cessa, car les Philistins attaquaient de nouveau notre pays.

Lorsque mon père rentra du désert d'Ein-Guèdi, l'espoir naquit en moi. Ses hommes racontèrent qu'alors que le roi était à la merci de David dans une grotte, mon aimé l'avait épargné. En lui remettant un pan du manteau que mon père lui avait autrefois offert, David lui avait demandé de reconnaître qu'il n'y avait aucune méchanceté en lui. Il avait certifié qu'il respectait son roi, choisi par l'ÉTERNEL. Mon père aurait dit que David était plus juste que lui et qu'un jour, il règnerait sur Israël. Était-il sincère en prononçant ces paroles ? Pouvais-je croire que mon père avait retrouvé ses esprits ? David pourrait-il revenir ?

Lorsque Samuel mourut, tout Israël porta le deuil. Puis, comme un éternel recommencement, mon père reprit sa traque contre David. Rien n'avait entaché son désir de le tuer. Seule la nouvelle de son départ chez le roi de Gath, notre ennemi, l'arrêta. Quant à moi, je fus dévastée d'apprendre que mon bien-aimé avait trouvé refuge chez les Philistins. Comment pouvait-il être passé à l'ennemi après l'avoir tant combattu ?

Ce malheur appela un autre malheur. Les Philistins tuèrent

mon père, trois de mes frères, dont Jonathan. Cette terrible perte me dévasta. De savoir leurs têtes suspendues aux remparts de Beth-Shéan comme trophées, me plongea dans une douleur innommable. Cette horrible vision continua de me hanter même lorsque j'appris que les habitants de Yavesh les avaient décrochées pour leur donner une sépulture. Pourquoi tant de cruauté sur cette terre promise ? Sang et larmes la nourrissaient et je frémis pour son destin. Qui te donnera des ailes, David, comme à la colombe, pour que tu reviennes vers moi et protèges notre pays ?

David, qui ne m'avait pas répudiée, exigea que je lui sois rendue. Mais il avait pris des femmes et des concubines. Il avait des fils et des filles. Sa demande ne reflétait pas l'amour qu'il me portait, mais le statut qu'il voulait. Moi qui l'avais sauvé de mon père, moi dont le cœur avait attendu sans faillir, je constatais amèrement que David ne m'avait jamais aimée.

Quand David fit monter l'arche de Dieu à Jérusalem, désormais appelée la Cité de David, je vis par la fenêtre qu'il était en grande liesse. Vêtu d'un pagne de lin, il sautait, dansait et tournait sur lui-même au son du cor devant l'ÉTERNEL. Je n'en croyais pas mes yeux. Voilà le roi que l'ÉTERNEL avait donné à son peuple ! Pratiquement nu, se laissant aller à une danse dégradante et vulgaire, au milieu d'une euphorie collective. Je le méprisai de son attitude indigne de son rang. De se donner ainsi en spectacle comme un illuminé ou un prophète extatique.

L'arche de l'ÉTERNEL fut déposée sous la tente que David avait fait dresser pour elle. Lorsque les sacrifices de communion furent terminés, un taureau et un veau gras, il fit une distribution de nourriture à tout le monde. Du pain, un morceau de rôti, des dattes, un gâteau de raisins secs… Puis, il s'en retourna pour bénir notre maisonnée. Je sortis à sa rencontre. Je ne pus dissimuler mon dédain « Quel honneur aujourd'hui pour le roi d'Israël de s'être découvert aux yeux des servantes et des serviteurs, comme se découvrirait un homme de rien ! »

Le sourire plein les yeux de célébrer l'ÉTERNEL, David réfuta : « C'est devant Dieu, qui m'a choisi de préférence à ton père et à toute sa maison pour m'établir chef sur son peuple, sur Israël, c'est devant l'ÉTERNEL que j'ai dansé. Je veux paraître encore plus vil que cela, et m'abaisser à mes propres yeux ; néanmoins je serai en honneur auprès des servantes dont tu parles ». Ce jour sonna la fin de nos relations.

Avigaïl, beauté et sagesse

C'était la période de la tonte, des fêtes et des festins. Un serviteur arriva vers moi et descendit de son âne en courant, affolé : « David a envoyé dix de ses hommes rencontrer notre maître pour lui demander de donner son dû pour nous avoir protégés, nous et les troupeaux, tout au long de l'année. Mais, notre maître n'a rien voulu savoir et a même insinué que ses hommes étaient peut-être des esclaves échappés de chez leur maître. Alors que nous n'avons pas été molestés et que rien de ce qui appartient à Naval n'ait disparu, il a répondu qu'il n'allait pas donner son pain, son vin et sa viande à des garçons qui viennent de je ne sais où ». Je frémis de stupéfaction. Naval par son refus avait enclenché un désir de revanche là où régnait auparavant celui de la protection. La présence de dix hommes n'était pas anodine. Ils ne venaient pas demander l'aumône, mais leur dû. Si Naval ne l'avait pas saisi, le serviteur, lui, avait compris. Il m'informa du danger : « Quatre cents hommes environ, tous ceints d'une épée, se sont mis en route derrière leur chef, David. Ils viennent vers la maison pour se venger de l'affront qui leur a été fait. » « Voyez ce que vous avez à faire », ajouta-t-il en s'inclinant devant moi.

Je ne fus pas étonnée du cours des événements. Mon mari était riche, mais je connaissais son avarice. Nous habitions une belle maison, avec de nombreux serviteurs. Il était propriétaire de trois mille moutons et de mille chèvres. Nous avions tout pour être heureux, mais il manquait la générosité de l'amour.

Je veillais sur son bien-être avec affection parce qu'il était l'époux que mon père avait choisi pour moi. À l'abri de la misère certes, mais de la tendresse, aussi.

Entre Maôn où nous habitions et Karmel, les plateaux recouverts d'herbe convenaient parfaitement à l'élevage. Les alentours n'étaient pas cultivés. Au sud s'étendait le désert de Parân. À l'est, la route vers la mer Morte traversait des terres désolées, creusées de grottes et de ravins. Dans ces régions, David et ses hommes devaient chasser pour survivre. En mon for intérieur, je savais que les troupeaux de Naval avaient bien été protégés des voleurs par ces hommes. La preuve ? Cette année, mon époux n'avait subi aucune perte contrairement aux années précédentes. Ce David ne mentait pas. Heureux de sa bonne fortune, mon époux était parti ce matin, faire tondre les moutons à Karmel.

En imaginant la colère que Naval avait provoquée par son refus méprisant, je me hâtai de prendre en main la situation avant que le sang ne soit versé. Immédiatement, j'évaluai le prix à payer. Ni trop ni trop peu. Peut-être un peu plus, pour atténuer la déception, la colère et la rancune ressenties au moment du refus. Je pris deux cents pains, deux outres de vin, cinq moutons apprêtés, cinq boisseaux de grains rôtis, cent grappes de raisin sec, deux cents gâteaux de figues que je chargeai sur des ânes. Je demandai à mes serviteurs de passer devant avec les présents, mais je ne prévins pas Naval, mon mari.

Tandis que mon âne descendait de la colline, je rencontrai la bande et son chef David. Je me hâtai de descendre de mon âne pour demander sa clémence. Je n'utilisai ni ruse ni séduction, pour l'amadouer. Seules la vérité et la réparation avaient le pouvoir de ramener la paix. Avec humilité, je m'adressai à David pour apaiser la soif de vengeance de tous ces hommes à l'égard de mon mari : « Que Monseigneur ne prête pas attention à ce vaurien de Naval, car il porte bien son nom de brute et d'abruti. Il est incapable de comprendre ce qu'il doit faire et ne pas faire. Il n'a pas saisi qu'il a une dette à ton égard. Sa bêtise ne mérite pas qu'on verse le sang. Voici des présents. Que la faute soit sur moi ! Accepte-les et pardonne-nous ce qui est arrivé. Ainsi, l'ÉTERNEL t'assurera une maison durable et lorsqu'il t'aura établi sur Israël, que cette histoire ne soit pas pour toi un trouble et un remords d'avoir versé le sang et de t'être fait justice toi-même ».

David m'écouta sans m'interrompre. Ses hommes aussi. Qu'allait-il faire maintenant ?

Alors, d'une voix apaisée, il me répondit : « Bénie soit ta sagesse pour m'avoir retenu d'en venir au sang et à faire justice moi-même. Si tu n'étais pas venue aussi vite, je jure que d'ici au lever du matin, il ne serait pas resté à Naval un seul mâle. » David accepta ce que je lui avais apporté et me dit : « Monte en paix chez toi. Tu vois, je t'ai écoutée et je t'ai bien accueillie. »

Soulagée, je repris le chemin de la maison. Si j'étais en paix avec moi, je m'attendais à encourir le courroux de mon époux.

Lorsque j'arrivai à la maison, mon époux était déjà ivre au milieu des restes du festin. Je décidai de me taire. Ce n'était pas le bon moment. Demain serait un autre jour ! Le matin, lorsque mon mari eut fini de cuver son vin, je lui livrai les événements de la veille. Naval était en droit de savoir. En écoutant mon récit, son corps et son cœur devinrent durs comme de la pierre. Dix jours plus tard, il mourait.

David m'envoya chercher pour me prendre comme sa femme. Si Naval avait répondu à la requête de David, il serait toujours auprès de moi, vivant. Le chemin des cupides serpente dans l'obscurité, c'est pourquoi ils trébuchent. Pour réparer l'inconséquence des paroles de Naval, j'avais rencontré David. Il s'était souvenu de moi. Veuve, David m'avait choisie.

Si désormais l'amour était présent dans ma vie, la sécurité était la grande absente. Nous menâmes une vie errante. Je fus enlevée par les Amalécites après qu'ils eurent brûlé la ville de Ciqlag. On parlait de nous lapider. Si ma peur était grande, ma confiance en David aussi. Il nous délivra de ses ennemis. Dès leur retour, des soldats prirent certains hommes à partie « Puisqu'ils ne sont pas venus avec nous, on ne leur donnera rien du butin récupéré ; on rendra seulement à chacun sa femme et ses enfants. Qu'ils les emmènent et s'en aillent. » L'occasion était belle, car le butin important. Mais David dit : « Mes amis, n'agissez pas ainsi avec ce que le SEIGNEUR nous a donné. Il nous a protégés, il nous a même livré la bande de pillards qui avaient attaqué Ciqlag. Personne ne peut approuver votre proposition. En effet, à chacun sa part de butin, à celui qui marche au combat comme à celui qui garde le camp : entre eux, ils partageront. » Nous apprîmes la mort du roi Saül et de ses fils. David pleura son ami et celui qu'il considérait comme un frère : Jonathan. Nous partîmes nous installer à Hébron. J'eus la joie de donner naissance à Daniel.

David apprit qu'Ishbosheth, fils de Saül était devenu roi d'Israël. Avner, le chef d'armée rompit avec Ishbosheth à propos d'une concubine. Il négocia avec David, qui lui demanda d'abord qu'on lui rendît sa première femme Mikal, fille de Saül, entre temps remariée. Ishbosheth fut assassiné et loyal, jusqu'au bout, David châtia les coupables. David avait trente ans lorsqu'il fut proclamé roi d'Israël.

La sorcière d'Ein-Dor

Trois hommes arrivèrent dans la nuit dans ma demeure solitaire. J'eus très peur. Avais-je été dénoncée ? Il était interdit de communiquer avec les morts ; or, c'était mon don. Mais l'ÉTERNEL avait interdit à son peuple de consulter un sorcier ou une femme qui pratique la divination. Et notre premier roi, Saül, les avait chassés. Moi, je vivais cachée. En fait, je le croyais, jusqu'à cette nuit. Un des hommes demanda à me voir. Un homme très grand et musclé, de belle stature, certainement un guerrier, s'approcha de moi :

– Je t'en prie, fais-moi dire l'avenir par un revenant, et évoque pour moi celui que je te dirai, demanda-t-il extrêmement tendu.

Au ton de sa voix, je compris que l'affaire devait être grave et urgente, mais je me méfiais de cet inconnu :

– Voyons, tu sais toi-même ce qu'a fait Saül. Comment il a supprimé la pratique de la divination dans le pays. Pourquoi désires-tu me tendre un piège ? Tu veux mettre ma vie en danger ? Ignores-tu que le châtiment est la mort, tant pour ceux qui pratiquent que pour ceux qui consultent ?

Alors l'homme, en état de détresse, me fit un serment solennel :

– Aussi vrai que l'ÉTERNEL est vivant, tu n'encourras aucun blâme pour cette affaire.

Je sentis que je pouvais lui faire confiance :

– Qui faut-il évoquer pour toi ?
– Évoque-moi Samuel.

Je fis le silence en moi. Je me concentrais pour contacter le monde du séjour des morts jusqu'à ce que je sente une présence dans le monde des vivants. Tandis que je voyais un revenant venir à moi, je compris qu'en face de moi se tenait Saül en chair et en os. Je poussai un grand cri.

J'étais tombée dans un piège :

– Pourquoi m'as-tu trompée en venant chez moi déguisé ?
– N'aie pas peur, dit-il avec l'autorité du roi. J'ai besoin de ton aide. Mais que vois-tu ?
– Je vois un spectre qui monte du séjour des morts.
– Quelle apparence a-t-il ?
– C'est un vieillard, drapé dans un manteau.

Lorsque je le vis se prosterner, je sus que l'esprit de Samuel était bien avec nous. Samuel demanda pourquoi on troublait son repos.

Alors Saül s'adressa directement au mort :

– Je suis très angoissé. Les Philistins me font la guerre, ils sont bien plus nombreux que les fils d'Israël. J'ai voulu consulter l'ÉTERNEL, mais il ne répond pas, ni par les prophètes ni par les songes. Pourquoi celui qui ne repousse jamais une âme qui vient à lui avec humilité, s'est-il détourné de moi ? Toi, seul, peux me dire ce que je fois faire.

J'entendis la voix grave de Samuel, chargée de reproches à l'égard de Saül :

– Pourquoi me consulter quand l'ÉTERNEL s'est détourné de toi et est devenu ton adversaire ? L'ÉTERNEL te traite comme il te l'avait dit par mon entremise : Il a arraché de ta main la royauté et l'a donnée à David parce que tu ne lui as pas obéi et que tu as épargné Amaleq [13] tout en t'appropriant une partie du butin. Voilà pourquoi l'ÉTERNEL te traite de la sorte aujourd'hui. Il livrera ton peuple aux mains des Philistins. Demain, tu seras avec moi.

Aussitôt Saül tomba à terre. Tout être humain aurait été aussi effrayé que lui par l'annonce imminente de sa mort, mais je vis aussi qu'il était affamé. J'eus pitié de lui malgré tout ce qu'il avait fait. J'essayai de le convaincre de manger un peu avant de partir, sans succès. J'exhortai ses deux serviteurs à le persuader. Il céda à nos instances. Je fis cuire du veau. Pendant ce temps, je pétris mon pain et le fis cuire sans levain. Ils mangèrent puis s'en allèrent vers leur destinée.

J'appris que les chars des Philistins avaient déferlé dans la plaine. Isolé de son armée et sur le point de tomber entre les mains de l'ennemi, Saül mourut de sa propre épée. Ses trois fils, son écuyer, ainsi que tous ses hommes moururent ensemble ce jour-là.

Aussitôt, je sus que ceux qui écrivent l'histoire me condamneraient. « Les morts ne se soucient pas des vivants. Les nécromanciennes sont des ventriloques, victimes de leur propre imagination lorsqu'elles ne sont pas de purs escrocs », dira-t-

13. Celui qui vient sucer le sang d'Israël.

on. On démontrera que cette nuit-là, c'était le diable qui était venu à moi et qu'il avait poussé Saül au suicide. Apprendre l'impossible pardon de l'ÉTERNEL, la défaite contre les Philistins et l'annonce de sa mort avaient celé le destin de Saül. Certains affirmeront que ni Satan ni Samuel n'étaient la cause de sa mort ! Il fallait la trouver dans le fait que la veille, en ma présence, Saül avait cru en sa mort. Sa certitude de mourir, ce jour-là, avait fait que, se sentant cerné par l'ennemi, il n'avait pas eu d'autres choix que celui de se donner la mort. Autant mourir dignement, s'il est l'heure de mourir. Enfin, d'autres soutiendront que Saül mourut à cause de sa désobéissance au SEIGNEUR en consultant celle qui évoque les morts. Et si chaque sorcier avait été chassé consciencieusement, notre rencontre n'aurait pas eu lieu. Que ce soit l'une ou l'autre de ces hypothèses, je serai désignée comme coupable.

Bethsabée, la Reine mère

Alors que par une nuit de printemps, je venais de me baigner pour me purifier, le roi David, qui m'avait aperçue de sa terrasse du palais, me fit chercher. Bien que je fusse mariée à Urie le Hittite, un des soldats de David, le roi me posséda. Lorsque je découvris que j'attendais un enfant de David, je lui fis savoir. Il était le seul responsable. Il devait trouver une solution. Qu'allait-il advenir de moi, femme adultère ? Devrais-je cacher, toute ma vie, l'histoire de l'enfant que je portais ?

Mon mari était à la guerre, il devinerait aisément qu'il n'était pas le père de l'enfant. Quand mon époux fut rappelé à Jérusalem pour donner des informations sur la guerre contre les Ammonites, je compris le dessein de David. Mais il ne connaissait pas Urie, soldat loyal, qui n'allait pas faillir à la chasteté requise pour les soldats en guerre. Bien qu'étranger, il était fidèle à son roi, à la Loi et au SEIGNEUR. Il ne profiterait jamais de l'autorisation de son roi pour manger et coucher avec sa femme, tandis que les autres étaient au combat. Sans surprise, Urie ne rentra pas dormir à la maison. Ni ce jour-là ni le lendemain.

J'appris la mort de mon mari. On me rapporta qu'il s'était approché du rempart de la ville avec d'autres soldats pour livrer bataille alors qu'il connaissait le danger de ce genre d'attaque. Et il avait trouvé la mort. Pourquoi ? Sa mort était-elle la solution de David ? Venait-elle de l'imprudence de mon époux ou d'un ordre reçu pour le mettre en péril ? Sa mort mettait le roi à l'abri de toute accusation et de tout déshonneur. Est-ce que cela faisait de David pour autant un coupable ? Si mon mari avait obéi au roi, serait-il encore vivant aujourd'hui ? Le brave était-il bafoué et le puissant victorieux ? Ou à l'inverse, le roi avait-il été dépassé par les événements faisant de lui un meurtrier ?

Quand mon deuil fut achevé, je devins sa femme et j'eus incidemment la réponse à mes questions. Un jour, le prophète Natan vint chez David. Il lui conta l'histoire suivante : « Il y avait deux hommes dans la même ville, l'un riche et l'autre pauvre. Le riche avait petit et gros bétail en grande abondance. Le pauvre n'avait qu'une brebis. Il la nourrissait et la chérissait comme une fille. Un homme se présenta chez l'homme riche. Afin de ne pas se servir dans son troupeau pour nourrir son visiteur, l'homme riche vola la brebis de l'homme pauvre. David entra dans une grande colère face à l'injustice faite au pauvre par le riche : « L'homme qui a fait cela est passible de mort ! Il remboursera la brebis au quadruple pour avoir commis cette action. » Natan dit alors à David : « Cet homme, c'est toi. Tu as frappé par l'épée Urie le Hittite, tu as pris pour femme sa femme, puis tu as fait périr ce soldat par l'épée des Ammonites. Maintenant, l'épée ne se détournera plus jamais de ta maison. Parce que tu as outragé le SEIGNEUR, ton fils mourra. » Natan n'eut pas besoin de donner de plus amples explications. La leçon était claire. Chacun de nous, y compris le roi, devait assumer un jour ou l'autre les conséquences de ses actes.

Je donnai la vie à un fils qui tomba gravement malade. La parabole de Natan hantait David. Elle avait suscité en lui une prise de recul sur son acte envers moi et envers Urie. En condamnant à mort le riche propriétaire voleur, il s'était lui-même condamné pour ses actions. Lui, qui avait toutes les femmes dans son harem sans avoir à en voler une à un honnête homme.

Lui, qui avait tué ce fidèle soldat de son armée. Lui, qui encourait la mort pour son adultère. Lui, qui avait méprisé la Loi et la promesse de l'ÉTERNEL concernant un fils à naître. En perdant le sens de l'autre, il avait péché contre l'ÉTERNEL en oubliant les dons et l'amour reçus de lui. De berger au statut de roi, il se devait de protéger son troupeau comme ses soldats. Et il avait manqué à ses responsabilités. Alors David, qui avait voulu dissimuler sa paternité, pria et jeûna pour que notre enfant vive. Il dormit par terre. Je compris qu'il implorerait l'ÉTERNEL de sauver notre fils. Au septième jour, notre fils mourut. Alors David se leva de terre, se baigna, se parfuma et changea de vêtements. Il se rendit au sanctuaire et de retour, il mangea. Sa dette était payée. Nous nous consolâmes mutuellement de la mort de cet innocent. Nos cœurs avaient fait du chemin. Celui qui pardonne toutes les offenses, qui guérit de toutes les peines, nous donna un autre fils. L'enfant de la promesse. Je l'appelai Salomon, ce qui veut dire paix. Et avec lui, la vie reprit. Par son repentir, David était redevenu père, mari et roi.

La triste histoire de Tamar, la fille de David, séduite par son demi-frère Amnon et qui fut tuée par son frère, le bel Absalom, marqua le début des conflits entre les descendants de David. Rappelé de son exil, Absalom, descendant de Saül, complota et en signe de rupture définitive, il prit possession du royaume. La bataille entre le père et le fils s'engagea. La mort d'Absalom fut due à sa chevelure qui faisait sa beauté légendaire. Ses longs cheveux épais s'accrochèrent dans les branches d'un chêne. Absalom resta suspendu pendant que le mulet continuait son chemin. Joab, le général de David, passa outre les ordres de son maître, désireux d'épargner son fils, et planta ses trois javelots dans le cœur d'Absalom. Lorsque David apprit la mort de son fils, il pleura.

Le temps filait. David vieillissant, les intrigues pour sa succession recommencèrent avec son autre fils Adonias. Natan vint me trouver. Pour lui, le nouveau roi devait être Salomon, non Adonias. Pour moi aussi. David m'avait promis que Salomon règnerait après lui selon la volonté de l'ÉTERNEL. Adonias, ne doutant plus de ses projets ambitieux d'être le nouveau roi, venait de partir offrir des sacrifices. Nous connaissions la signification de ces offrandes. Natan me demanda d'agir vite pour mon fils Salomon et dans l'intérêt du pays. Je me rendis dans la chambre du roi, sans y être invitée : « Voici qu'Adonias est devenu roi et que tu n'en sais rien. Il a invité tous les princes, le prêtre Abiatar et le général Joab, mais pas Salomon. Pourtant, c'est à toi de désigner ton successeur ! ». Comme convenu, Natan entra après moi et répéta au roi le même message afin qu'il l'entende. David me convia à nouveau et désigna Salomon aussitôt pour siéger sur son trône. Il ordonna que Salomon descende à Guihôn. L'onction lui fut donnée comme roi d'Israël par le prêtre Sadoq et Natan. Puis tout le peuple acclama Salomon comme son roi. Adonias et ses invités furent pris de panique en écoutant la clameur du peuple qui montait jusqu'à eux. Le plan d'Adonias venait d'échouer. Un autre roi que lui venait d'être couronné.

David mourut peu de temps après, et je devins Reine mère.

Quelque temps plus tard, Adonias vint me trouver. Calmement, il évoqua le passé. Que la royauté lui appartenait en tant qu'aîné de Salomon. Que le peuple s'attendait à son règne. Que la préférence avait été à son frère. Qu'en conséquence, il n'avait qu'une simple demande à me faire.

« Parle » lui dis-je.

Il passa sa langue sur ses lèvres avant de se lancer : « Je voudrais Avishag de Shounem pour femme ». Je connaissais cette

Shounamite qui réchauffait le corps de mon mari dans ses derniers jours tant il avait froid. Elle restait allongée près de lui. La chaleur de son corps réconfortant le corps de mon époux. Je lui promis d'intercéder auprès du roi.

J'allai trouver mon fils pour lui présenter la requête d'Adonias. Alors que je ne voyais là qu'une demande d'amour d'un homme pour une femme, Salomon vit le piège. En lui donnant cette femme, il donnait la royauté à Adonias. En demandant la dernière femme du roi, il pouvait devenir roi. Pour cela, il mourut.

La trop belle Tamar

Mon père David me demanda d'aller apporter un plat à mon demi-frère Amnon qui était souffrant. Lorsque je me rendis à sa maison, il était couché. Je pris de la pâte, la pétris et façonnai des beignets, puis les fis cuire. Lorsqu'ils furent prêts, je les offris à Amnon. Il refusa de manger. Il demanda à tous ses gens de sortir. Alors, il me demanda de lui apporter les beignets dans l'alcôve. Il me saisit le bras et m'attira vers lui. « Viens, couche avec moi. Je t'aime tant », me dit-il.

Je me dégageai de son étreinte et tentai de le raisonner : « Ne me déshonore pas, car on n'agit pas ainsi en Israël. Où irais-je porter ma honte ? Et toi, tu serais comme n'importe quel homme vil en Israël. Alors que si tu parles au roi, il ne m'empêchera pas d'être à toi ». Mes mots n'eurent aucun effet sur l'amour passionné qu'il me portait. Il s'approcha de moi, me maîtrisa et me viola.

Mon refus de l'aimer en retour, son désir charnel de me posséder par la force avaient-ils tué ses sentiments à mon égard ou n'étais-je qu'un objet de désir à jeter après usage ? Ses yeux qui brillaient avant lorsqu'il me regardait, exprimèrent le ressentiment soudain qu'il me portait. Il me haïssait désormais plus qu'il m'avait aimée. « Lève-toi, sors d'ici ! » hurla-t-il. Je refusai de lui obéir : « Non, me chasser serait pire que le mal que tu m'as fait ». Mais, il refusa de m'écouter et appela l'un de ses serviteurs : « Débarrasse-toi de cette fille, jette-la dehors et verrouille la porte derrière elle ! »

Une fois dehors, je pris de la poussière et me frottai la tête. Je déchirai ma tunique à manches, comme sont les robes dont se revêtaient les vierges filles du roi. Mes cris alertèrent mon frère Absalom [14] qui me conseilla de garder le silence et de ne plus y penser : « C'est ton frère, ne prends pas cette affaire à cœur ». Il m'invita à rester chez lui sans le moindre signe de compassion. Son invitation n'était destinée qu'à éviter le scandale public, et non pour m'apporter de la consolation.

Le roi David, ayant appris tous ces faits, en fut affligé. Mais il ne punit nullement le violeur, il chérissait trop son premier-né Amnon. Et les hommes considéraient la femme coupable plutôt que victime. Ne me répétait-on pas sans cesse que j'étais trop belle ? Je remarquai qu'Amnon et Absalom ne se parlaient plus. Je me sentais abandonnée de tous ceux qui disaient m'aimer. Personne n'avait vu ma détresse, pris ma défense ou restauré mon honneur. Leur silence disait : il ne s'est rien passé ou c'est si dérisoire. Complices, lâches ou indifférents, qu'est-ce qui caractérisait les hommes de ma famille ?

Deux ans plus tard, à l'occasion de la fête donnée pour célébrer la tonte, Absalom invita son père et ses officiers. Notre père refusa. Absalon avait préparé un grand festin. Il désirait fêter la bénédiction de ses nouvelles richesses et demanda alors qu'au moins Amnon soit présent. S'étaient-ils réconciliés ? Je m'étonnai. Le roi aussi : « Pourquoi doit-il t'accompagner ? » demanda-t-il à mon frère. Quant à moi, je songeais que le temps efface bien vite le souvenir de la peine d'autrui. Absalom pressa toute la famille, mais n'obtint pas de réponse du roi.

Les princes d'Israël, invités d'honneur, s'abandonnèrent aux

14. Tamar et Absalom sont les enfants de Maaka, fille de Talmaï, roi de Geshour et de David.

joies de la table et s'enivrèrent. Contrairement à ce que j'avais cru, Absalom n'avait rien oublié de ce que m'avait fait notre demi-frère. Durant des mois, il avait préparé un plan pour me venger. Pas de combat en face à face pour un violeur. Il avait ordonné à ses serviteurs de tuer Amnon lorsque son cœur serait mis en gaieté par le vin. Le festin s'acheva dans le sang. La rumeur parvint au palais qu'Absalom avait tué tous les fils du roi. David se leva, déchira ses vêtements en signe de deuil et se coucha par terre. Mais le frère de David, Yonadab, le fils de Shiméa rectifia la vérité et annonça la mort du seul Amnon. Absalom se réfugia chez son grand-père, le roi de Geshour.

Comme pour Abel et Caïn, la lutte des frères avait eu lieu. Mais le viol était-il le seul motif du meurtre ? Avec le recul, je ne pouvais m'empêcher de penser qu'Amnon était l'aîné, s'il lui arrivait quelque chose, Absalom en profiterait. Amnon mort, il serait roi, n'aurait plus besoin de se soumettre à son demi-frère, lui, dont l'orgueil était démesuré. Il avait conquis le trône pour son avenir. Par la suite, il voulut retomber dans les bonnes grâces de son père. Ce père qui pleurait encore Amnon.

Mais David, dans son cœur de père, pardonna à Absalom grâce à Joab sans se douter de ses intentions. Chacun voulait croire à nouveau à la paix retrouvée dans la famille.

Absalom qui avait fière allure savait l'utiliser à son profit. De la plante des pieds au sommet de la tête, on ne trouvait aucun défaut en lui. Il se mit à rendre justice, prit l'apparence du désintéressement, utilisa la flatterie, feignit de servir l'ÉTERNEL dans le but de dérober les cœurs des hommes d'Israël. Tous ces faux-semblants en vue de s'emparer de la royauté. Ce que je pressentais arriva, il se déclara roi à Hébron. Les Israélites ayant pris le parti d'Absalom, David quitta Jérusalem.

Sur les vils conseils d'Ahitofel, conseiller de David, Absalom s'installa à Jérusalem, et fit commerce avec les concubines de David au vu de tout Israël afin que la rupture avec David soit irréversible. Absalom révéla sa vraie personnalité : rusé, manipulateur, envieux, menteur, revanchard, irrespectueux de la Loi… Prêt à tout, y compris à tuer son propre père pour prendre le pouvoir.

David passa en revue les troupes qui l'accompagnaient et désigna Joab, Abichaï et Ittaï comme commandants. Déchiré entre son rôle de roi et de père, il les supplia de ne pas faire de mal à son fils Absalom. La guerre entre les hommes de mon père et ceux de mon frère se déroula dans la forêt d'Éphraïm. L'armée d'Absalom fut battue par les hommes de David, elle subit une lourde perte. Lorsque mon père apprit la mort d'Absalom, il se lamenta de ne pas être mort à sa place. Mon père aimait Absalom et Absalom n'avait pas su voir cet amour.

La femme avisée de Teqoa

Absalon, réfugié à Geshour, après la mort de son frère voulait rentrer en grâce auprès de son père David. Trois ans étaient passés. Mon visiteur, Joab, chef de l'armée de David, et son neveu, avait refusé une entrevue avec Absalom si bien que le prince ait mis le feu à son champ d'orge. Le cœur du roi se tournait maintenant vers l'exilé. Il lui avait pardonné. Son fils si beau lui manquait. Et Absalom proclamait ne pas avoir commis de faute en tuant celui qui avait déshonoré sa sœur.

C'est après m'avoir indiqué tous ces détails que Joab me demanda de l'aider. Il m'expliqua ce que je devais faire et dire, pour convaincre le roi. Il m'assura que je n'encourrais aucun châtiment si la vérité était découverte, il me donna sa parole. Il dirait alors la vérité au roi. Son engagement me rassura. Je lui rendis ce service, car sa cause était juste, bien que je fusse soumise à la pression de Joab.

Je partis donc de Teqoa, avec mes habits de deuil et sans m'être parfumée. J'allai chez le roi David afin qu'il me rendît, soi-disant, justice. Je me prosternai devant lui et je racontai les mots que Joab avait glissés dans ma bouche :

– Je suis veuve. Je suis la mère de deux fils qui se sont querellés dans la campagne. Il n'y avait personne pour les séparer. L'un a frappé l'autre et l'a tué. Voilà que tout le clan s'est ligué contre ta servante. Il me demande de livrer le fratricide pour le mettre à mort pour le prix de la vie de son frère qu'il a tué. En même temps, le clan veut tuer l'héritier. Il ne laissera à mon mari ni son nom ni sa descendance.

– Retourne chez toi, je donnerai des ordres à ce sujet, conclut le roi.

Sa réponse n'était pas celle qu'attendait Joab. Je repris la parole au risque de lui déplaire :

– Que la faute retombe sur moi et sur ma famille ; le roi et son trône sont innocents.

– Amène-moi celui qui t'a menacée. Il ne reviendra plus te faire de mal.

– Que le roi daigne prononcer le nom de l'ÉTERNEL, afin que le vengeur du sang n'augmente pas la ruine et ne fasse pas périr mon fils.

– Aussi vrai que l'ÉTERNEL est vivant, il ne tombera pas à terre un seul cheveu de ton fils.

Cette fois, le roi répondait favorablement à ma demande. C'était le jugement attendu de Joab. Le fils meurtrier de son frère ne serait pas condamné à mort. Mon cœur cognait dans ma poitrine, lorsque j'émis la phrase de Joab, mot pour mot :

– Alors pourquoi le roi en prononçant cette sentence n'a-t-il pas fait revenir celui qu'il a banni ? Nous sommes mortels pareils aux eaux qui s'écoulent à terre et qui ne se rassemblent plus. L'ÉTERNEL ne relève pas un cadavre. Que le roi fasse des plans pour que le banni ne reste pas exilé loin de lui. Car le roi consentira à délivrer sa servante des mains de l'homme qui cherche à nous retrancher, moi et mon fils ensemble, de l'héritage de Dieu. Puisse ta parole donner l'apaisement. Car le roi est comme un ange, pour saisir le bien et le mal.

Mes jambes tremblaient lorsque je terminai mon plaidoyer. Aurai-je la force de repartir dignement ? Mais contre toute attente, le roi poursuivit :

– Je t'en prie, ne te dérobe pas à la question que je vais te poser.

C'est tout mon corps qui tremblait maintenant.

– Que Monseigneur le roi parle.
– La main de Joab n'est-elle pas avec toi en tout cela ?

Le roi David avait reconnu la parole de Joab dans ma bouche. Je ne démentis pas. Le roi chargea Joab de ramener Absalom au palais. Je fus heureuse de savoir que mon humble intervention avait permis de réunir le père et le fils.

Plus tard, je regrettais d'avoir aidé Joab. Lui comme moi, nous ignorions que nous avions ramené un traître à son roi, un fils indigne à son père, la guerre au sein de notre peuple.

Celle-ci et Salomon

J'habitais la même maison que la femme qui était à mes côtés. Chacune de nous avait mis un enfant au monde. Mais, une nuit, son fils mourut. Elle affirmait que c'était le mien qui était mort. C'était impossible et cruel. Le cœur d'une mère sait reconnaître son enfant. Comment pouvait-elle se tromper ainsi ? Était-elle dans le déni, incapable d'accepter la mort de son fils ou voulait-elle simplement un enfant à aimer ? Était-elle sincère dans son délire ? Pouvait-elle ressentir de la jalousie, voire de la haine à mon égard, moi qui avais mon enfant près de moi alors qu'elle avait perdu le sien ?

Si je pouvais comprendre sa détresse, je ne pouvais accepter que mon enfant devienne le sien. Le peuple ne tarissait pas d'éloge sur la sagesse de Salomon. Nous décidâmes de porter notre affaire à son discernement. Mais quelle preuve allais-je pouvoir apporter au roi pour démontrer que l'enfant était le mien ?

Elle prit la parole en premier : « Nous habitons la même maison, et j'ai eu un enfant pendant qu'elle était dans la maison. Le troisième jour, après ma délivrance, cette femme a aussi eu un enfant. Nous étions ensemble, il n'y avait pas d'étranger avec nous, rien que nous deux dans la maison. Or, le fils de cette femme est mort une nuit parce qu'elle s'était couchée sur lui. Pendant que je dormais, elle a pris mon fils et elle a placé le sien contre moi. Je me suis levée pour allaiter mon enfant, il était mort. Mais en le regardant, je vis qu'il ne s'agissait pas de mon fils, mais du sien. »

Abasourdie par son histoire rocambolesque et cette accusation ahurissante, contre laquelle je ne pouvais rien prouver, car nous étions seules dans la maison, je me contentai de crier : « Ce n'est pas vrai ! Mon fils est celui qui est vivant, et ton fils est celui qui est mort ». Bien que consciente que ma défense était mince, je n'ajoutai rien de plus. Je n'avais que la vie de mon fils comme preuve. Elle répondit comme un écho : « Ce n'est pas vrai ! Ton fils est celui qui est mort et mon fils est celui qui est vivant ». Notre cri de désespoir était le même. Comment le roi pouvait-il démêler le vrai du faux ?

Le juge Salomon répéta nos phrases pour prendre une décision : Celle-ci dit : « voici, mon fils est vivant et c'est ton fils qui est mort », et celle-là dit : « Ce n'est pas vrai, ton fils est celui qui est mort et mon fils est celui qui est vivant ». Nous étions deux prostituées, qui nous disputions la maternité d'un enfant, quelle serait sa sentence ?

Mais à la place du jugement attendu, Salomon donna un ordre : « Apportez-moi une épée ! » Lorsqu'un homme arriva avec l'épée, le roi commanda d'une voix ferme : « Coupez l'enfant en deux et donnez-en une moitié à l'une et l'autre moitié à l'autre. »

Mue par l'amour que je portais à mon fils, je me précipitai vers Salomon en criant : « Donne-lui l'enfant vivant, mais ne le tue pas ». Je préférai sauver la vie de mon fils, quitte à être dépossédée de lui. Tandis que ma rivale marmonna : « Coupez-le, il ne sera ni à toi ni à moi. »

Le roi fit un signe. Personne ne brandit l'épée. Ma rivale s'était trahie. La jalousie l'avait conduite à revendiquer l'enfant d'une autre puis sa mort. Elle désirait que je ne sois pas mère si elle ne pouvait pas l'être.

Le roi me regarda et ordonna : « Donnez l'enfant vivant à la première femme, ne le tuez pas ! C'est elle la mère. » La justice du roi avait pris soin de la vérité.

Je rentrai chez moi, mon enfant blotti contre moi. Il avait dit la « première femme » en me regardant, alors que ma rivale avait parlé en premier. Je ne comprenais pas la magie par laquelle la vérité avait jailli avant l'épée. Car j'avais la certitude qu'il savait déjà qu'elle mentait. Je revivais sans cesse les événements, je cherchais à comprendre.

Puis, j'entendis à nouveau les paroles du roi répétant les nôtres. Lorsqu'il avait dit « à la première femme », il faisait référence aux phrases que nous avions prononcées, l'une après l'autre. Un détail surgit. Nos paroles n'étaient pas aussi identiques qu'elles le paraissaient à première vue. Leur répétition par le roi avait révélé à son intelligence la subtile dissemblance. J'étais la première femme, « celle-ci », qui avait placé « mon fils vivant » au début de la phrase, et elle était « celle-là » qui avait évoqué le « fils mort » en premier. Le roi dans sa sagesse avait entendu la vérité dans l'ordre des mots.

La place du qualificatif vivant ou mort avait révélé la pensée de la mère. Vivant pour celle qui savait son fils en vie, mort pour celle qui refusait la mort de son fils. Auparavant, Salomon avait su discerner le mensonge et la manipulation dans le récit irréaliste. Mais plutôt que de le démontrer, dans sa sagesse, il avait permis que chacun puisse découvrir la vérité grâce à l'épée. Seul l'amour maternel pouvait sauver l'enfant aux yeux de tous.

La sagesse pure et claire de Salomon avait pénétré tous les esprits. Tout ce qui était caché était devenu visible.

Celle-là et Salomon

L'un de mes clients me répétait souvent que « Sans le mauvais penchant, les hommes n'auraient pas de désir. Que sans désir, la femme n'aurait pas d'enfants et l'homme se contenterait de rester au repos ». Manifestement, il savait mettre en pratique ses belles théories, car son commerce était florissant et il savait libérer sa perversité. Je me sentais à la fois vénérée par les hommes qui louaient ma beauté et aussi, parfois, méprisée. Cette ambivalence m'avait appris à ne jamais m'attacher, à garder toujours la tête froide.

Mais lorsque je fus enceinte, toute cette maîtrise de sentiments éclata en miettes. Et lorsque mon bébé naquit, ses traits charmants firent fondre d'amour mon cœur. Pour la première fois, j'aimais. Je berçais mon fils en lui chantant de douces berceuses et je lui murmurais les mots de mon pays. Je veillais sur lui comme un berger sur son troupeau. Je déposais les armes qui me protégeaient de toute souffrance d'affection. Et je m'ouvrais pleinement à la joie d'être mère.

Puis un matin, le silence me réveilla. Mon fils n'avait pas demandé mon sein durant la nuit. Éprouvée par l'accouchement, les nuits fragmentées par les tétées, je ne m'étais pas réveillée. En le prenant dans mes bras, je fus en état de sidération. Mon fils ne bougeait pas. Il restait immobile dans son sommeil. Je le serrai contre ma poitrine. Il était froid. Et mon cœur se figea.

Puis j'entendis les pleurs. Une montée de lait jaillit pour répondre à l'appel de la vie. Je dégageai mon sein. Je l'approchai tendrement. « Bois, mon fils, bois ». Mais, il refusait de téter. « Bois, mon fils, maman est là ». Mais ses petites lèvres, si douces, ne remuaient pas. Puis, comme un coup de poignard, je réalisai que les pleurs venaient de son enfant, à elle. Mes seins gonflés comme mon cœur, douloureux, laissaient couler sur mon corps le lait amer de ma détresse. Ce poids qui se logeait dans ma poitrine m'écrasait comme la main de l'oppresseur. Je n'avais pas la force de l'écarter. Tout en moi défaillait.

Je la voyais s'approcher de moi, avec l'enfant qu'elle tenait dans ses bras. M'avait-elle pris mon fils pendant que je dormais ? Je n'arrivais plus à penser. Tout me semblait confus et irréel. Elle s'avançait si près. Elle me parlait, mais je ne comprenais pas ce qu'elle me disait. « Qui était mort ? » Pourquoi me regardait-elle ainsi ? « Qui était mort ? » J'avais mal à la tête et mes bras étaient lourds. D'où venait le froid qui me transperçait ? Elle posa l'enfant qu'elle avait pour prendre le mien. Je criai : « Non, espèce de voleuse, tu ne prendras pas mon fils ». Et plus je le serrais contre moi, plus mes larmes coulaient. Et elle me parlait toujours. Ses mots lointains bourdonnaient dans ma tête. Je ne comprenais rien, titubant comme une ivrogne.

Les jours qui suivirent remplirent le vide de mon cœur de culpabilité, de colère, de tristesse, de jalousie. Je tournais en rond dans la maison. Je le cherchais. Je le voyais dans son enfant. Je le prenais croyant qu'il était mien. Elle me l'arrachait des bras. Nous nous disputions. Elle tentait de m'expliquer ce que je refusais d'entendre. Tant et si bien, que nous décidâmes de demander de l'aide à Salomon, notre roi.

Ce matin-là, contrairement aux jours précédents, je m'étais parfumée et j'avais mis de la poudre de lapis-lazuli sur mes paupières, du carmin sur mes lèvres, du sulfure de plomb sur mes sourcils et mes cils. Nous arrivâmes, elle, moi et l'enfant dans le vestibule du jugement. Tout m'impressionna, les lambris de cèdre depuis le sol jusqu'au plafond, le somptueux trône et la présence de notre roi, Salomon. De chaque côté du trône se trouvaient deux chaises spéciales en or, l'une pour le Grand-prêtre et l'autre pour un autre prêtre, entourées de soixante-dix chaises en or pour les membres de la Cour de Justice. La peur me saisit. Mais, ce que je vis alors me stupéfia. Lorsque le roi Salomon monta sur le trône, un mécanisme se mit en marche. Dès qu'il eut touché la première marche, le bœuf d'or et le lion d'or tendirent leurs pattes pour soutenir le roi et l'aider à atteindre les marches suivantes. Dès qu'il fut assis, un aigle d'or lui apporta la grande couronne et la maintint juste au-dessus de sa tête. Ensuite la colombe d'or s'envola au-dessus de l'Arche sainte, en sortit un rouleau et le posa sur les genoux de Salomon.

Dès que la possibilité d'exposer notre différend nous fut donnée, je pris la parole. Il fallait que j'informe le roi de toutes mes suppositions, car il s'était incontestablement passé quelque chose. Mon enfant était en bonne santé, il ne pouvait pas être mort. Elle ne pouvait que l'avoir échangé pendant que je dormais. Le roi devait me rendre le fils que j'avais perdu. Telle était la justice. Lorsqu'elle prit la parole, elle ne réfuta pas mon récit. Elle se contenta de dire que son fils était vivant. Je pensais avoir gagné.

Mais tout bascula, au moment où le roi demanda l'épée et proposa de partager le bébé. Il n'avait pas l'intention de me redonner un fils. Alors, j'ai prononcé l'impensable, l'inconcevable.

Sur le chemin du retour, je m'arrêtai. Désormais, j'avais l'esprit plus clair. Parce que le roi dans sa sagesse ne m'avait pas condamnée, je me mis à éprouver du regret. Pour me protéger, j'avais renoué avec ma logique froide, délestée de toute empathie.

En conformité avec l'image que les hommes avaient de moi, j'avais fait de cet enfant, un simple objet de désir. Je voulais tant qu'il m'appartienne que j'avais accepté l'idée que la moitié d'une chose valait mieux que rien. Or, l'enfant était de chair et de sang. Petite vie innocente dans les mains de ma jalousie. Tandis que sa mère n'avait songé qu'à le sauver, quitte à me le donner, moi, je n'avais pensé qu'au désir de le posséder. À quel moment avais-je perdu mon humanité ? La réponse vint lentement : « Depuis longtemps ». Comme un arbre foudroyé, j'avais perdu de ma hauteur. Dans ma vie, je ne savais pas me mettre à la place de l'autre. J'étais incapable de comprendre et de percevoir les sentiments d'autrui. Pire, je ne portais plus d'attention à l'autre, ne voyant que ses mauvais penchants. L'évitement de la souffrance et la recherche d'un bénéfice personnel étaient devenus mes seuls buts. Je ne pouvais donner qu'en échange de quelque chose, car, moi, jamais personne ne m'avait considérée ou soutenue. Vraiment personne ? Non. Juste une, elle. Ce matin-là, elle m'avait témoigné de l'affection. Son cœur de mère avait chancelé du malheur qui m'accablait.

De retour à la maison, je lui demandai de me pardonner. Nous pleurâmes mon fils, ensemble. Elle me prit dans ses bras et me serra contre son cœur : « Nous ne serons pas trop de deux pour faire de cet enfant, un homme ». Je hochai la tête, je n'abandonnai plus mon cœur à la tristesse.

La reine de Saba

Bien que mon pays fût loin de celui d'Israël, la renommée de son roi était parvenue jusqu'à moi. Selon les marchands, tous les peuples se rendaient à Jérusalem pour entendre la sagesse de Salomon. La route était longue, mais la curiosité et l'idée de commercer avec ce pays me firent entreprendre le voyage. Les marchands rapportaient qu'il existait deux routes caravanières pour se rendre en terre d'Israël : la route de la mer qui longeait la côte et la route des montagnes à travers les monts de Judée et de Jérusalem. Les Israélites vendaient des chars, des chevaux, des produits agricoles, de l'huile, du vin, des parfums et des médicaments. Des accords pouvaient être trouvés.

Accompagnée de mes guerriers, serviteurs et chameaux, je quittai mon royaume, immense jardin odorant où l'on cultivait de précieux aromates. Ma terre offrait aussi de l'or et des pierres précieuses que j'emportais en cadeau pour le roi.

La rumeur racontait que la richesse de Salomon était aussi grande que sa sagesse. Les yeux des visiteurs brillaient à l'évocation de la splendeur de son palais. Des dizaines de milliers d'hommes avaient construit un temple avec des pierres de leur montagne et du bois de cèdre et de genévrier fourni par le roi de Tyr. J'étais intriguée, car ce temple était le premier du pays. Et ce peuple n'avait qu'un seul dieu, sans épouse de surcroît. Cette monolâtrie m'incitait à penser que ces Israélites étaient sans doute très orgueilleux pour se dispenser du soutien des dieux. Où était la déesse mère solaire, porteuse de vie féconde et maîtresse des éléments ? De quelle manière s'exprimait le pouvoir divin mâle si le féminin sacré ne le mettait pas en mouvement ? Nous, simples mortels, nous avions besoin de communiquer avec l'eau, le feu, le vent, le soleil, la lune, la foudre, les arbres… De plus, seuls les dieux étaient le lien entre les hommes et l'invisible. Le destin de l'humanité dépendait donc des dieux. Que pouvait faire un seul dieu ? Je lui dirai tout ce que j'avais dans l'esprit. Mais je souhaitais tester auparavant l'intelligence et la sagesse de ce roi par des énigmes à résoudre. J'excellais dans la joute oratoire et les jeux de l'esprit et je comptais bien mettre mon art à profit. Je constaterai ainsi s'il a accès à un savoir supérieur ou inférieur au mien.

Le voyage fut une source de révélations et de rencontres. Sur les terres baignées dans un océan de couleurs, de contrastes et de climats, je me laissai transporter au rythme d'un doux balancement. Attiré par cette immensité, mon esprit emporté par le vent s'évadait entre songe et logique. Je souhaitais m'entretenir avec Salomon des sujets que j'avais explorés pour que le féminin et le masculin s'épousent dans la pensée : de l'impur pouvait-on tirer du pur ? Une vie humaine valait-elle plus qu'une vie animale ? L'Homme naissait-il bon ? La sagesse pouvait-elle s'incarner durablement ? Pouvais-je être une autre ? De quoi le monde était-il fait ? Pourquoi mourir ? Qu'est-ce qui restait vivant après la mort ? On disait de Salomon qu'il avait les yeux ouverts sur la terre et sur les cieux. Avait-il déjà trouvé les réponses à ce questionnement ?

Après deux mille kilomètres, les murs de Jérusalem apparurent dans le lointain. Aux portes de la cité, je vis des paysans échanger leurs fruits, leurs légumes, leur blé, leur orge, leurs viandes, leurs poissons, leurs laitages, leurs vins et leurs huiles contre des objets de la ville. Le palais de Salomon était en pierres de choix. Les Israélites aimaient la couleur. J'eus la confirmation de cette première impression en découvrant les murs colorés de leurs maisons, les tuniques bleues et rouges des hommes, vertes des femmes, la taille serrée par une ceinture. La caravane se dirigeait vers le palais, situé plus bas que le Temple, à la silhouette massive.

Voilà que le roi se tint devant moi. Fière sous l'éclat de ma jeunesse, je ne doutais pas de l'effet que ma beauté légendaire produirait sur lui. Salomon me devina et me fit un sourire complice. Je lui offris tous mes présents. L'abondance de mes cadeaux trouva un écho dans l'opulence de son palais et de son temple. Je découvris des centaines d'objets d'art faits d'or, d'argent, de bronze et d'ivoire. Son trône en ivoire, recouvert d'or, serti de rubis, de saphirs et d'émeraudes, jetait des feux de couleurs éblouissantes. Salomon m'expliqua que les six marches gardaient chacune la mémoire d'un des six commandements que le roi d'Israël devait observer. Sur chaque marche deux animaux en or se faisaient face. Sur la première, un lion et un bœuf, sur la seconde, un loup et un agneau, sur la troisième, un tigre et un chameau, sur la quatrième, un aigle et un paon, sur la cinquième, un chat et un coq, sur la sixième enfin, un faucon et une colombe. Sur la partie supérieure du trône, une colombe en or tenait, dans son bec, un faucon en or. Sur le côté, un splendide candélabre en or pur, orné de coupes, de boutons, de pétales de fleurs, le tout en or. De chaque côté se dressaient sept branches. D'un côté étaient gravés les noms des sept pères du monde. De l'autre côté, les noms des hommes les plus pieux.

Puis, vint l'heure du repas. Salomon m'offrit son bras. J'avançais vers le pavillon lorsque je soulevai ma robe pour ne pas la mouiller. Salomon étonné me regarda, et je compris mon erreur. Je constatais que le sol était dallé de cristal dans certaines variantes ce qui m'avait fait croire que je marchais sur l'eau. Le repas fut servi à table. Un délicieux repas accompagné du vin de leur vigne, couleur de la joie et de l'amour. J'appris que le roi Salomon et sa cour consommaient chaque jour dix bœufs engraissés, cent pièces de brebis, sans compter les cerfs, chevreuils, daims et les volailles engraissées. La cuisine était raffinée et avait du goût grâce à l'emploi du sel de la mer Morte. Le pain empli de viande était accompagné de légumes : fèves, lentilles, poireaux, courges ou pastèques. Il se trempait dans la sauce de cumin, de coriandre, de piments. Toutes sortes d'herbes amères sauvages se mangeaient en bouillons ou en salades. Du fromage avec du lait de chèvre. Des figues et du miel. Dans son palais, tout était raffinement : la tenue du service, l'habillement des serviteurs, l'ameublement. Son peuple avait de la chance et je lui fis remarquer : « Heureux tes gens, heureux tes serviteurs que voici, eux qui se tiennent continuellement devant toi et qui entendent ta sagesse ! »

Nous évoquâmes tous les sujets sans qu'il en écartât un seul. Au-delà de ses connaissances, ce fut sa sagesse qui m'éblouit. Pour moi, le savoir se limitait à l'intelligence et à la mémoire de l'apprenant, aux connaissances de l'époque et ne pouvait assurer la pleine certitude de la réalité. Même si l'expérience complétait le savoir, elle ne faisait que montrer l'étendue de l'ignorance humaine sur la complexité du réel. Tandis que la sagesse accédait à une dimension d'une autre nature, une nature transcendantale.

Il m'avoua avec humilité que sa sagesse venait de l'Esprit de l'ÉTERNEL :

– J'ai prié pour la demander, car à côté d'elle la richesse compte pour de la boue. Elle est l'aptitude à penser, parler et agir avec discernement pour rechercher la vérité. Je l'ai sollicitée pour savoir gouverner son peuple, séparer le bien du mal, le vrai du faux dans les faits qui me sont rapportés afin de rendre justice. Prononcer des sentences proportionnées au dommage pour rétablir la paix entre les parties en conflit et amener le fautif à prendre pleinement conscience de son acte et de ses conséquences, tels sont les buts du juge. Je souhaitais être juste c'est-à-dire comme pour la musique, être accordé, accordé avec lui pour agir en son nom.

À l'écouter affirmer que la liberté était dans l'ÉTERNEL, inséparable de la sagesse, j'en eus le souffle coupé :

– Je ne voulais pas croire ce qu'on disait, avant de venir et de voir de mes yeux ; mais vraiment, on ne m'en avait pas appris la moitié ! Tu surpasses en sagesse et en magnificence la renommée qui était venue jusqu'à moi.

Je lui demandai de me parler de l'ÉTERNEL. Cette conversation fut une Révélation : celle d'un Dieu Un, Unique et Puissant :

– Il s'est révélé à Moïse, il est apparu à Abraham, Isaac et à Jacob. Il est celui qui est, qui a choisi un peuple, qui l'a nourri dans le désert, lui a donné la Terre promise et l'a délivré de ses oppresseurs.

Tandis que j'écoutais Salomon évoquer l'histoire de son peuple sans aveuglement, une perspective plus large jaillit en moi au-delà du visible. En entrant dans le récit avec mon cœur, je me sentis aspirée par une énergie nouvelle. Tout mon être vibrait à l'unisson avec l'ÉTERNEL. Il n'y avait plus rien à ajouter, simplement à révéler à Salomon l'existence de ce souffle nouveau :

– Je louerai son nom toujours et à jamais.

Au cours de nos riches et multiples échanges, grâce auxquels je me nourrissais de nouvelles pensées, le désir de nos corps nous prit au dépourvu. Nous gardâmes le silence pour écouter nos cœurs. La force du désir était l'amour. En pleine communion avec l'autre, nous nous abandonnâmes à l'appel de nos cœurs. Salomon me nomma sa bien-aimée et goûta les saveurs épicées de ma peau. Mon bien-aimé, à la manière de son vin, m'étourdit de bonheur. Nos corps se fondirent l'un dans l'autre pour n'en former plus qu'un. L'étreinte nous transporta au-delà du connu. Comme un fleuve entre nos deux pays, l'amour serpenta de cœur à cœur. Il nous emmena au-delà des rivages, au-delà des montagnes et des verts pâturages. Puis, dans un vertigineux tourbillon, nous engloutit et nous délivra dans l'extase. À sa source, nous nous désaltérâmes. La soif cessa.

Sur le chemin du retour, chargée de tous les cadeaux qu'il m'avait offerts, je me réjouissais : un seul avait une valeur inestimable. Plus brillant que l'or, plus somptueux que le diadème de Salomon, plus odorant à mon cœur que le plus subtil des parfums, plus enivrant que le vin, il était là, à venir, caché dans mon ventre.

La veuve de Sarepta et ses galettes

Cette année-là, comme l'année précédente, ni la pluie ni la rosée n'avaient enveloppé de leurs bienfaits notre terre phénicienne. Nous souffrions tous du manque de blé. Je ramassais du bois lorsqu'un homme, un pagne de peau roulé autour des reins et un manteau de poil sur le dos fit son apparition. Je sursautai à la vue de cet étranger. D'une voix faible, il s'adressa à moi :

– Depuis le torrent de Kerith, à l'est du Jourdain, j'ai marché jusqu'à Sarepta. Peux-tu me donner un peu d'eau dans la cruche que je boive ?

Tandis que j'allais lui chercher de l'eau, il me demanda de lui apporter un morceau de pain. Je haussai les épaules en signe d'impuissance. Il me demandait de lui donner ce dont je manquais le plus cruellement :

– Je n'ai pas de pain cuit ; je n'ai qu'une poignée de farine dans une jarre et un peu d'huile dans une cruche. Je finis de ramasser du bois pour faire cuire un dernier petit pain pour mon fils et moi. Quand nous l'aurons mangé, nous n'aurons plus rien et nous mourrons de faim.

Mais l'homme, visiblement aussi affamé que nous, insista :

– Ne crains rien. Va faire comme tu dis, seulement prépare-moi une petite galette et tu en feras une autre pour toi et pour ton fils. Car ainsi parle l'ÉTERNEL, Dieu d'Israël :

« Cruche de farine ne se videra
Jarre d'huile ne désemplira
Jusqu'au jour où le SEIGNEUR
Donnera la pluie à la surface du sol. »

Au lieu de le chasser, je m'exécutai. Inquiète, cependant, de donner à cet homme le peu que je possédais. C'est ma vie et celle de mon fils que je remettais entre ses mains et celles de son dieu. Mais une voix intérieure m'invita à lui faire la galette : « Tu peux le croire et lui donner avant même que tu aies beaucoup plus à offrir ». En me dépossédant ainsi et sans en avoir conscience, j'allais m'ouvrir à la Parole de l'ÉTERNEL. À ce moment-là, je ne le savais pas.

Une fois que la première galette fut cuite, elle fut sienne. S'il m'avait menti, mon fils et moi n'aurions plus rien à manger. Mais je restais confiante. Je retournai vers le feu et je trouvai la jarre et la cruche emplies à nouveau. Cette magie donna des ailes à mon cœur. Au fur et à mesure que j'utilisais de la farine et de l'huile pour faire des galettes, la jarre et la cruche reprenaient leur niveau antérieur.

Enfin rassasiés, nous témoignâmes à cet étranger beaucoup de gratitude :

– Qui dois-je bénir pour cette nourriture ? demandais-je.

– L'ÉTERNEL par son prophète Élie le Tishbite, répondit-il, en souriant. Et ne t'inquiète pas pour demain, tu trouveras de la farine et de l'huile. Et les jours qui suivront également jusqu'au retour des récoltes.

Ma maison était très modeste ; en tant que veuve, je possédais très peu de choses. J'avais un toit pour nous abriter, mon fils et moi, mais je souhaitais offrir l'hospitalité à cet homme si généreux. Ce prophète se montrait très discret. Trop discret. Il voulait rencontrer l'ÉTERNEL dans le silence, dans l'intimité de sa chambre. Mais il se cachait aussi pour sauver sa vie. Il me livra que son pays était désormais séparé en deux royaumes et que le roi d'Israël reniait sa foi dans le Dieu unique en réintroduisant le culte des idoles de sa femme.

Les jours passèrent plus heureux qu'autrefois lorsque soudain mon fils tomba malade. Son corps brûlant grelottait. Sur son front, des sueurs. Sur ses joues, les couleurs fuyaient comme l'agneau devant le loup. Puis, soudain, la mort.

Ma colère se dirigea contre le prophète :

– Qu'ai-je à faire avec toi, homme de Dieu ? Tu es donc venu chez moi pour rappeler mes fautes et faire mourir mon fils !

Élie prit alors mon fils que je tenais dans mes bras et l'emporta dans sa chambre. Je le suivis. Il le coucha sur son lit et accusa l'ÉTERNEL. Puis, il le supplia de faire revenir le souffle dans mon fils. Il s'étendit trois fois sur l'enfant : « l'ÉTERNEL, mon Dieu, je t'en prie, fait revenir à lui l'âme de cet enfant ».

Les couleurs de ses joues revinrent progressivement comme le lever du jour sur la plaine. Je m'ouvris à l'énergie qui montait en lui et je l'accompagnai comme au jour de sa naissance. Mon cœur ressentait cette pulsion qui émanait de l'insaisissable mystère de la vie. Puis, mon fils me tendit les bras. Cette nouvelle épreuve m'entraîna plus loin vers la foi en l'ÉTERNEL. Pour la deuxième fois, il était intervenu dans ma vie pour la changer. Après m'avoir sauvée de la famine, il avait sauvé mon fils de la mort. Je transformai ce que j'avais enduré en une force de vie nouvelle, une vie en harmonie avec lui. Lui qui avait entendu les pleurs d'une mère étrangère à son peuple !

Puis Élie nous quitta. Lui qui avait pris la fuite après avoir annoncé la sécheresse à Akhab, repartit pour y mettre fin.

La Shounamite

Matériellement, j'étais comblée, mais intérieurement, quelque chose me manquait pour que mon bonheur soit complet. Un jour, un homme âgé toucha mon cœur par son humble attitude. Malgré sa fatigue, je le voyais marcher sur la route qui passait d'Izréel au mont Carmel pour servir l'ÉTERNEL par ses prêches. Je l'invitai à notre table. Il accepta. Notre hospitalité était sincère. Mon époux et moi n'attendions rien en retour. Depuis, chaque fois qu'il passait à Shounem, perché sur la colline, il se rendait chez nous pour manger. Nous avions gardé la foi en l'ÉTERNEL au milieu d'une nation idolâtre et immorale. Ce partage du repas était un moment important pour nous trois.

Un jour, je demandai à mon mari de rendre le voyage de cet homme plus confortable, car il devait dormir dans son manteau de poil sur les routes poussiéreuses : « Je suis sûre qu'Élisée est un saint homme de Dieu. Construisons-lui une petite chambre haute avec des murs et nous y mettrons pour lui un lit, une table, un siège et une lampe : quand il viendra chez nous, il se retirera là. » Mon mari, très à l'écoute, fit construire cette chambre sur la terrasse de notre maison.

Un jour que le prophète s'était retiré dans sa chambre, son serviteur m'appela. Élisée m'aborda de manière directe :

– Tu nous as donné beaucoup. Que puis-je faire pour toi ? Veux-tu que je dise un mot pour toi au roi ou au chef de l'armée ?

Je ne pus m'empêcher de sourire. Que pouvaient faire les deux personnes les plus puissantes du pays pour mon bonheur ? Une place à la cour, une baisse d'impôts ou quelques droits supplémentaires ? Je ne voulais pas de telles récompenses. Être courtisée, recevoir de la reconnaissance du roi ou du chef des armées pour mon hospitalité me paraissait disproportionné. J'étais heureuse de me sentir utile aux autres. Je gardai cette pensée pour moi et je répondis de manière neutre pour ne pas l'offenser :

– Je séjourne au milieu des miens et je ne manque de rien.

Après coup, je réalisai que ma réponse avait coupé nette la conversation. Mais personne ne pouvait satisfaire mon seul souhait. Je remerciai Élisée et refermai la porte derrière moi.

Cependant, j'entendis le prophète interroger son serviteur Guéhazi :

– Alors que peut-on faire pour elle ?

– Elle n'a pas de fils et son mari est âgé, suggéra Guéhazi qui avait perçu ce qui me manquait le plus au monde.

Ma blessure mise à nue par ces paroles, je descendais vers la cuisine lorsque Guéhazi me rappela. Je me tins à la porte de la chambre.

– L'an prochain, tu tiendras un fils dans tes bras, m'affirma Élisée.

Même si j'avais confiance dans la parole du prophète, je ne voulais pas revivre la douleur de l'espoir, perdre encore un enfant à naître. Le temps était passé, mon mari trop vieux.

– Ne me trompe pas, s'il te plaît. La chose est impossible.

La vie me prouva que cette annonce n'était pas trop belle pour être vraie. Car un enfant fut conçu. Je donnais la vie à un fils. Si mon doute ne m'avait pas permis d'accepter la Parole de l'ÉTERNEL par son prophète, il n'avait pas empêché la Promesse de l'ÉTERNEL de s'accomplir.

Puis les années passèrent. Mon fils aimait aider son père dans les champs. C'était le temps des moissons. La matinée était très chaude et l'enfant revint en se plaignant de la tête. Je le pris sur mes genoux, lui donnai à boire, mis de l'eau fraîche sur son front. À midi, il mourut.

Comment L'ÉTERNEL pouvait-il me reprendre l'enfant inespéré qu'il m'avait donné ? La désillusion commença par m'envahir. Je me repris aussi vite. Si j'avais douté de la conception de mon fils, je ne devais pas douter pour sa vie. Ma foi ne devait pas changer en fonction des circonstances. La tempête pouvait tout balayer sur son passage, sauf moi. Je devais être un roc dans ma foi.

Pour mon fils, je me devais d'agir et ne pas m'arrêter à ce que je voyais. Je bloquai en moi les pleurs et la désespérance. Ni le chagrin ni la plainte ne devaient me détourner de mon rôle de mère. Je devais éviter toute panique. Je déposai l'enfant sur le lit d'Élisée. Je fermai la porte à clé. J'espérais contre toute espérance. Sans rien dire à mon époux de la mort de notre enfant, je lui signifiai que j'allais voir l'homme de bien. Bien qu'il s'en étonnât, car ce n'était ni la néoménie [15] ni le sabbat, il appela un serviteur qui partit chercher une ânesse. Mon époux me faisait confiance et savait respecter mes préoccupations sans m'assaillir de questions. Je l'aimais aussi pour ce respect qu'il me témoignait.

---

15. Coïncidait avec la nouvelle lune et donnait lieu à une célébration religieuse. Le règlement de la néoménie est donné dans le calendrier liturgique des Nombres.

Le serviteur et moi quittâmes Shounem, en direction du mont Carmel, lieu où je savais trouver Élisée. Nous fîmes trente kilomètres sans faire de pause. Lorsqu'il m'aperçut au loin, Guéhazi vint à notre rencontre et dit des formules de politesse : « Vas-tu bien ? Ton mari va-t-il bien ? Ton enfant va-t-il bien ? » Sans laisser percevoir ma détresse, je répondis « Bien ». Puis, je le suivis jusqu'à Élisée.

Dès que j'aperçus le prophète, je descendis de mon ânesse et me jetai aux pieds de l'homme de Dieu. Guéhazi tenta de me repousser, mais le prophète comprit que mon cœur était en deuil. Il me demanda de raconter mon histoire. Comme toute logique était inexistante, car L'ÉTERNEL ne reprenait pas ses dons, je remémorai à Élisée sa responsabilité à mon égard : « T'avais-je demandé un fils ? Ne t'avais-je pas dit de ne pas me leurrer ? »

Élisée, manifestement surpris par l'annonce de la mort de mon fils, ne me répondit pas, mais ordonna à son serviteur d'agir : « Prends mon bâton et va ! Si tu rencontres quelqu'un, tu ne le salueras pas et si quelqu'un te salue, tu ne lui répondras pas. Tu étendras mon bâton au-dessus de l'enfant. » Si je ne remettais pas en cause le pouvoir du bâton d'Élisée, je pressentais qu'il ne suffirait pas à redonner vie à mon fils. Souhaitant la présence du prophète près de mon enfant et non celle de son serviteur, je déclarai fermement à Élisée : « Je ne te quitterai pas ».

Alors le prophète se leva et me suivit. Guéhazi nous avait précédés et avait tendu le bâton au-dessus de l'enfant. En vain. Ni voix ni réaction. Il vint à notre rencontre : « L'enfant ne s'est pas réveillé ». À notre arrivée, Élisée monta sur le lit, s'étendit sur l'enfant, mit sa bouche contre sa bouche, ses yeux contre ses yeux, ses mains contre ses mains, il se replia sur lui. Sept fois, il fit de même. Puis, mon fils éternua et ouvrit les yeux. Maintenant, tout était bien.

Yéhoshèva, la protectrice

L'histoire de mon peuple, comme celle de ma lignée, s'est construite dans les épreuves et dans les errements. Par son Alliance, l'ÉTERNEL avait donné à son peuple la possibilité de s'accomplir dans la totalité de son être à partir de la prêtrise, de la monarchie et de la prophétie. Le roi, investi du pouvoir reçu du Tout-Puissant pour gouverner son peuple ; le prophète, porte-parole de l'ÉTERNEL et le prêtre pour les rituels. Mais la foi de mon peuple fut ébranlée par le retour à l'idolâtrie, aux manquements des rois et à leurs tensions avec les prophètes. Lorsque Salomon fut âgé, ses sept cents épouses et trois cents concubines détournèrent son cœur vers les dieux de leur pays. Il construisit des sanctuaires afin qu'elles puissent offrir de l'encens et des sacrifices à Astarté [16], Milkom [17] et Kemosh [18]. À sa mort, le pays se divisa. Jéroboam devint roi d'Israël, au nord. Cet homme, qui avait géré les travaux du Millo [19], avait rencontré le prophète Ahiyya. Ce dernier s'était saisi de son manteau neuf et l'avait déchiré en douze morceaux. Il en avait donné dix à Jéroboam, lui annonçant que l'ÉTERNEL avait décidé de lui donner le royaume d'Israël, l'arrachant ainsi à la descendance de Salomon, et les deux autres morceaux à Roboam, fils aîné de Salomon et de Naama. Il fut roi de Juda au sud.

16. Déesse des Sidoniens.
17. Dieu des Ammonites.
18. Dieu des Moabites.
19. Remblai fortifié pour la défense du palais et du Temple de Salomon.

Les rois s'étaient succédé, sans comprendre leurs véritables missions. Un temple de Baal avait été construit par Akhab, roi d'Israël. Il avait épousé Jézabel, fille du roi de Tyr, aussi belle que cruelle. Depuis la mort de Salomon, les liens politiques et commerciaux entre les deux pays s'étant distendus, ce mariage avait permis le rapprochement de notre pays avec la Phénicie. Mais Jézabel, avec ses dieux, avait distrait Akhab de l'ÉTERNEL.

La sécheresse avait sévi très fortement comme l'avait prédit Élie. Tant et si bien qu'Akhab, à la demande d'Élie, avait convoqué les prophètes de Baal sur le mont Carmel pour faire descendre le feu du ciel sur le jeune taureau offert en sacrifices. En vain. Le prophète Élie avait interpellé le peuple sur son syncrétisme : « Jusqu'à quand sauterez-vous sur deux pieds ? Si L'ÉTERNEL est Dieu, suivez-le, si c'est Baal, suivez-le ». Le peuple s'était tu. Après avoir ironisé sur les prophètes de Baal, Élie avait construit un autel avec douze pierres, selon le nombre de tribus de Jacob, creusé une tranchée autour, et l'avait inondée d'eau. En réponse à la supplique d'Élie, des flammes célestes avaient consumé l'holocauste et le bois, les pierres et l'eau. Le dieu qui avait répondu par le feu était le vrai dieu. Entre Élie et Jézabel, les hostilités furent ouvertes. Les prophètes de Baal furent massacrés comme l'avaient été les prophètes de l'ÉTERNEL. Puis, la pluie était tombée. Le peuple avait définitivement tranché : l'ÉTERNEL était le vrai Dieu. Je me posai une question face à ces massacres : Élie avait-il servi l'ÉTERNEL ou ses propres aspirations ? Lorsqu'Akhab avait appris les événements à Jézabel, elle avait menacé de mort le prophète qui était reparti.

Akhab, faible et dominé par sa femme, avait bafoué une nouvelle fois la Loi. Près du palais, un homme nommé Naboth avait un terrain sur lequel il faisait pousser sa vigne. Le roi, violant le droit sacré de la terre, lui avait demandé de la lui céder pour en faire un potager. Il lui avait proposé de l'échanger contre une vigne plus belle encore ou de l'argent. Naboth lui avait répondu qu'il n'avait pas le droit de céder l'héritage de ses pères. Jézabel n'avait pas supporté que son mari boudât pour ce refus, sans agir en retour. Avait-il oublié qu'il était le roi ? Elle avait adressé des lettres aux anciens et aux notables dans lesquelles elle accusait Naboth de maudire l'ÉTERNEL et son roi. Naboth mourut, lapidé. Akhab prit possession de la vigne. Alors le prophète Élie revint au palais trouver le fourbe. Il le condamna, lui, sa descendance et sa femme : « Le malheur viendra sur tes fils. Et les chiens dévoreront Jézabel ».

Un jour, le roi de Juda, Josaphat vint trouver Akhab pour s'unir dans le combat et reprendre Ramoth-de-Galaad au roi d'Aram. La trêve entre les Araméens et les fils d'Israël avait duré trois ans. Pour s'assurer de la validité de l'attaque, Josaphat voulut consulter les prophètes. Akhab en rassembla environ quatre cents qui parlèrent d'une même voix pour annoncer la victoire à son questionnement : « Dois-je aller au combat ou m'abstenir ? ». Mais Josaphat, homme pieux et fidèle au Saint Nom, ne voulait pas se fier aux prophètes de Baal. Il voulait entendre un prophète de l'ÉTERNEL. Ce fut Michée qui fut appelé. C'est ainsi que ce prophète fut jeté en prison par Akhab pour avoir annoncé qu'il voyait « tout Israël dispersé sur les montagnes comme le troupeau qui n'a pas de berger ». Afin de ne pas servir de cible avec sa tenue royale, Akhab se déguisa avant de partir sur le champ de bataille. En revanche, il avait demandé à Josaphat de mettre ses habits royaux. Lorsqu'un homme banda son arc, sans savoir qui il visait, la mort, quant à elle, reconnut le roi.

Akhasias, fils de Jézabel et d'Akhab, devint roi d'Israël en pleine révolte des Moabites. Son règne ne dura qu'un an. Il tomba du balcon et, comme Élie l'avait prédit, il mourut. Son frère Yoram devint roi d'Israël. Cinq ans plus tard, mon père, fils de Josaphat, qui se nommait également Yoram devint roi de Juda. Il épousa Athalie, fille de Jézabel et d'Akhab. Ce mariage scella une alliance entre les deux royaumes. Athalie ressemblait en tout point à sa mère. Elle fit construire un temple à Baal à Jérusalem. La mort de mon père survint dans la huitième année de son règne, au terme d'une maladie d'entrailles qui dura deux années et qui s'acheva dans d'horribles souffrances. Mon frère Akhasias, de la tribu de Juda [20], lui succéda.

Les rois d'Israël et de Juda reprirent le combat contre le roi d'Aram à Ramoth-de-Galaad. Yoram roi d'Israël, blessé pendant le combat, revint à Yzréel pour faire soigner ses blessures. Mon frère Akhasias vint le visiter.

L'officier Jéhu était resté avec l'armée combattre Hazaël, roi d'Aram. Un prophète mandaté par Élisée vint l'oindre comme roi d'Israël. En vertu de la condamnation d'Élie, Jéhu fut chargé par le prophète d'abattre la maison d'Akhab. Je fis cette hypothèse plus tardivement en reliant le fait qu'Élisée avait suivi Élie comme son serviteur. Par conséquent, Élisée avait veillé à ce que la parole d'Élie s'accomplisse. Une fois reconnu par ses pairs comme roi, Jéhu partit en char pour Yzréel.

Lorsque le guetteur annonça l'arrivée d'une troupe, Yoram, roi d'Israël, envoya un cavalier au-devant. Il ne revint pas. Puis, un autre. Le deuxième messager ne revint pas non plus. À la manière de conduire son char, le guetteur avait reconnu celle de Jéhu. Yoram et mon frère partirent sereins chacun sur leur char au-devant de Jéhu. Je les devinais impatients de le voir. Ils le rejoignirent dans le champ de Naboth.

---

20. Ils ont le même père, mais pas la même mère.

Lorsqu'un officier m'apprit leur mort, il me narra des détails troublants qui vinrent corroborer ma supposition sur le rôle d'Élisée. Jéhu avait bandé son arc et sa flèche avait traversé le cœur de Yoram. Il avait alors ordonné à son écuyer de jeter la flèche dans le champ de Naboth. Le sang de Yoram avait permis de venger le sang de Naboth versé par la maison d'Akhab. À son tour, mon frère, à la fois témoin du meurtre et défenseur de Yoram, fut blessé. Il se réfugia à Meguiddo où il mourut.

Jéhu retourna à Yzréel. Jézabel l'apprit. On me dit qu'avant l'arrivée de Jéhu, elle se farda les yeux, s'orna la tête et se mit à la fenêtre. Je reconnus en elle sa volonté de mourir dans toute sa splendeur. Toujours aussi insolente, elle avait provoqué Jéhu : « Comment vas-tu, assassin de ton maître ? ». Il avait regardé dans sa direction : « Qui est de mon côté ? Qui ? ». Deux eunuques s'étaient alors penchés vers lui en signe d'assentiment. Jéhu avait alors ordonné : « Jetez-la en bas ». Les eunuques avaient saisi Jézabel et l'avaient jetée par la fenêtre. Le cheval de Jéhu mené par son cavalier avait piétiné son corps. Puis, le meurtrier était parti manger. Après son repas, il avait ordonné de donner une sépulture à cette maudite, car elle était fille de roi. Les serviteurs partirent pour l'ensevelir, mais ils n'avaient trouvé d'elle que le crâne, les pieds et les mains. Après les sabots du cheval, les crocs des chiens avaient fini de dévorer sa chair. La malédiction d'Élie était accomplie : « Les chiens dévoreront la chair de Jézabel, son cadavre sera comme un champ de fumier épandu dans la campagne, en sorte qu'on ne pourra pas dire : C'est Jézabel. »

Puis, notre royaume apprit que Jéhu avait écrit des lettres aux anciens, commandants de la ville, et aux tuteurs des enfants d'Akhab. En retour, ils se mirent aux ordres de Jéhu. Ce dernier leur ordonna de venir le trouver le lendemain. Or, les destinataires des lettres prirent les soixante-dix fils du roi, les égorgèrent, les mirent dans des corbeilles et les envoyèrent à Yzréel. Jéhu les fit mettre en deux tas à l'entrée de la porte. Au matin, il sortit et dit à tout le peuple : « Soyez sans reproche ! Moi j'ai conspiré contre mon maître et je l'ai tué. Mais tous ceux-là, qui les a tués ? Sachez donc qu'il ne tombera à terre aucune des paroles prononcées par l'ÉTERNEL contre la maison d'Akhab. » Il frappa alors tous ceux qui restaient de la maison d'Akhab à Yzréel. Il n'en laissa échapper aucun.

Sur la route qui le menait à Samarie, il trouva mes autres frères. Lui et ses hommes les égorgèrent pour s'être alliés avec le Nord. Puis, ils entrèrent dans Samarie et exterminèrent tous les survivants de la famille d'Akhab.

Il proclama qu'il allait organiser une grande fête pour Baal. Il ordonna que tous les prophètes et les prêtres de Baal soient présents. Qu'il n'en manque aucun. Sous peine de mort. Il fit préparer des vêtements pour tous les fidèles. Lorsqu'il eut fini d'offrir l'holocauste, il fit tuer tous les impies par ses gens. Puis, ils enlevèrent le pieu sacré, démolirent la stèle de Baal et le temple. Comme l'oracle l'avait prédit, le malheur s'était abattu sur toute la maison d'Akhab. Je m'en émus, car notre peuple tout entier avait reçu la promesse d'une grande nation.

Ma belle-mère, Athalie, en apprenant la mort de son fils Akhasias, entreprit elle aussi d'exterminer toute la descendance de David. Ses enfants, pourtant de son sang, restaient des étrangers pour elle. Rompre définitivement toute alliance entre le nord et le sud. Telle était sa réponse à Jéhu. Elle voulait aussi le pouvoir. Régner elle-même. Donner libre cours à sa concupiscence. Dès que j'appris ses intentions, j'allai chercher le nourrisson Joas, fils d'Akhasias, pour le sauver du massacre.

En tant que femme du prêtre Yehoyada, j'élevais mon neveu

avec mon époux dans le plus grand secret, au sein du Temple. Six années durant lesquelles avec Athalie au pouvoir, je craignais pour sa vie. Une simple rumeur lui suffirait pour envoyer ses hommes forcer les portes du Temple et tuer l'enfant. Je voyais encore ces jeunes princes égorgés, poignardés dans leur innocence. Je ne voulais pas d'un tel destin pour Joas.

Lorsque l'enfant eut sept ans, mon époux considéra que le peuple devait savoir que la lignée royale de David n'avait pas disparu. Il envoya chercher les centeniers et des gardes et les fit venir auprès de lui. Il conclut un pacte avec eux, les fit prêter serment et leur montra Joas. Ses directives étaient claires. Ces hommes devaient former un cercle autour du roi, l'accompagner et tuer quiconque voudrait forcer les rangs. Il leur remit les lances et les boucliers du roi David qui étaient dans le Temple. Alors Yehoyada fit sortir Joas, lui imposa le diadème et lui remit le document de l'alliance. On le fit roi en lui donnant l'onction.

Lorsqu'Athalie entendit la rumeur populaire, elle se rendit au Temple. Elle découvrit un peuple en liesse. On sonnait de la trompette. Puis, elle vit l'enfant, debout sur l'estrade dans sa simple tunique, sa tête ornée d'un diadème. Ses traits si semblables à ceux de son fils mort. Je remarquai son visage se décomposer en comprenant que l'héritier légitime était là, devant ses yeux.

Athalie déchira alors ses vêtements en criant « Trahison, trahison ». Mon époux donna l'ordre de la faire sortir afin que le sang ne coule pas dans le Temple. La maison de l'ÉTERNEL ne devait pas être profanée. J'appris qu'arrivée au palais royal elle fut mise à mort. Le peuple se rendit au temple de Baal et le démolit. Tout le peuple vibrait de joie, la descendance de David se poursuivait. Joas s'assit sur le trône et Yehoyada continua de l'instruire.

Je priais pour que mon peuple, mené par Joas, trouve enfin la voie de la sagesse.

Houlda, la prophétesse

Les hommes qui se tenaient devant moi étaient les plus puissants du royaume après le roi. Il s'agissait du ministre Asaya, du secrétaire du roi, son fils Ahiqam, Avdôn et du prêtre Hilqiyahou. Leur seule présence chez moi indiquait qu'il se passait quelque chose de grave. Notre roi, Josias, était jeune, mais déjà plein de sagesse. Il était le miel doux après les temps impies. Il avait su gagner l'affection de son peuple.

Notre roi Josias imitait en tout son ancêtre David, sans dévier du droit chemin. Ce qui n'avait pas été le cas de ses prédécesseurs Amôn et de son père Manassé. Ce dernier avait rebâti des autels à Baal et fabriqué un pieu sacré comme on le faisait autrefois. Il avait construit des autels à toute l'armée du ciel dans les deux cours du Temple de l'ÉTERNEL et placé Ashéra en son sein. Avec son esprit entaché de superstitions, il avait souillé la maison du Saint Nom. Ce roi pratiquait des incantations. Il lisait l'avenir à partir de serpents et des nuages. Les nécromants et les devins avaient retrouvé le droit de se réinstaller dans le pays. Manassé avait répandu le sang innocent avec des sacrifices d'enfants au dieu Moloch. Il avait transgressé la Loi donnée à Moïse qui énonçait que quiconque, d'entre les Israélites ou l'immigrant séjournant au sein d'Israël, livrerait une partie de sa postérité à Moloch devait être mis à mort. Durant ces cinquante-deux ans de règne, il avait écarté les différentes mises en garde des prophètes prédisant que Jérusalem serait nettoyée comme un plat qu'on renverse sens dessus dessous. Jusqu'au jour où le roi d'Assyrie le fit prisonnier et le retint à Babylone. De sa détresse naquit son repentir. Il cria de l'abîme, s'humilia devant le Dieu de ses Pères et pria. L'ÉTERNEL lui accorda sa miséricorde. Manassé fut libéré et retrouva son trône. Il redonna vie à Jérusalem. Au nord, il éleva une muraille et demanda à son peuple de servir l'ÉTERNEL.

Le règne de son fils Amôn ne dura que deux ans. Deux ans seulement, mais deux ans d'idolâtrie. Deux ans, où le peuple élu avait honoré d'autres dieux. Ammon fut victime d'un complot. Ses serviteurs le tuèrent dans son palais. Mais le peuple les jugea et proclama roi son fils Josias. Alors que cette ère s'ouvrait sous un jour nouveau, où la panthère s'apprêtait à se coucher avec le chevreau, que pouvait-il se passer pour que les proches du roi viennent à moi ?

Je ne fus pas longue à le savoir. Ils avaient l'air aussi pressés que moi. Le secrétaire, d'un air grave, prit la parole :

– Le roi m'a requis de demander au prêtre de faire fondre de l'argent pour payer ceux qui travaillent à la purification et à la réparation du Temple et d'acheter du bois et des pierres de taille.

Ce fut au tour du prêtre de poursuivre le récit :

– En surveillant les travaux, j'ai trouvé le livre de la Loi. De longues années auparavant, il a dû être déposé dans l'Arche sainte, puis oubliée, à l'époque des rois idolâtres, au fond d'une grotte [21].

21. Manuscrit du Deutéronome : formulation de la Loi.

Le secrétaire l'interrompit :

– J'ai lu au roi un passage sur le sort de Jérusalem, qui l'a bouleversé. Il m'a alors demandé de te consulter à propos de ce livre. Grande doit être la colère de l'ÉTERNEL, car nos pères n'ont pas respecté la Loi transmise par Moïse. Le roi est extrêmement inquiet. Il a besoin d'entendre son jugement.

Je fis le silence pour entendre la parole de l'ÉTERNEL à l'intérieur de moi. En m'écartant de mon corps, je lui cédai ma place. Au bout de quelques minutes, il m'habita et je pus transmettre son message :

– Ainsi parle l'ÉTERNEL. Je vais amener le malheur sur ce lieu et sur ses habitants parce qu'ils m'ont abandonné pour d'autres dieux. Parce que le cœur de votre roi a été sincèrement touché, qu'il a déchiré ses vêtements, il ne connaîtra pas avant de mourir le destin funeste de Jérusalem.

Chacun d'entre nous en écoutant ses paroles fut saisi de stupeur. Le malheur prit sa forme dans des images d'horreur et d'épouvante. Nous allions perdre ce pays tant désiré, tant chéri, pour lequel nos pères avaient donné leur sang et nos mères leurs enfants. Cette terre, de la vallée à la montagne, où nous ne manquions de rien. L'eau avait désaltéré le sol assoiffé. La terre avait offert ses trésors secrets. La Parole de L'ÉTERNEL était proche de nous, sur nos lèvres, dans nos cœurs. Enfants ingrats, nous ne l'écoutions pas. Pire encore, nous nous en étions détournés. L'esprit perverti par d'autres dieux, nous n'avons pas marché en ses voies. Les mots du livre, lus au roi, se propageaient en moi comme la flamme sur la paille : « Si, au contraire, ton cœur te détourne, si tu n'écoutes pas et tu te laisses entraîner à t'aplatir devant d'autres dieux et à leur rendre culte, alors je vous déclare en ce jour, que pour périr, certes, vous périrez et ne subsisterez pas durablement sur cette terre. À cela est suspendue ta vie ainsi que la durée de ton maintien sur le sol que l'ÉTERNEL a juré de donner à tes pères Abraham, Isaac et Jacob. »

Liés par cette vision apocalyptique, nous étions anéantis. Pourtant, l'ÉTERNEL avait fait preuve de clémence et de patience face à tant de manquements à l'Alliance. Avant que le malheur ne nous frappe, il l'avait annoncé. Infidèles, nous avions persisté dans nos conduites sacrilèges. Désormais, il ne faisait aucun doute qu'il allait agir. Même si sa colère était présence et amour, nous nous percevions déjà orphelins, exilés et asservis. Un silence pesant flottait autour de nous. Nous étions telle la femme de Loth, transformés en colonne de sel.

Et je vis Jérusalem, prostituée par les faux dieux, se faire prendre et violenter par des inconnus. Punie pour ses adultères et ses cris de plaisir. Dans sa nudité, sa honte était visible. J'entendis sa bouche lancer des appels à l'aide vers un ciel désormais sourd à son malheur. Elle versait des larmes de regret et implorait tardivement le pardon. Je découvrais ses enfants adultérins, abandonnés à leur triste sort, mourir de faim. Sa muraille qui l'encerclait avec orgueil, effondrée. Violé, son Temple sacré. Arraché, son voile. Et tout ce qui faisait sa grandeur, sa beauté, sa fierté, réduit en cendres.

Un frisson parcourut tout mon être. Je mis un terme à cet état d'hébétement collectif :

– Allez porter la réponse au roi.

Ils s'en retournèrent sans avoir prononcé un mot.

Quelques jours plus tard, le roi monta au Temple avec tous les anciens de Juda et de Jérusalem et tout le peuple. Il lut devant eux tout le contenu du livre de l'Alliance trouvé dans le Temple. Tout le peuple adhéra. En peu de temps, tous les prêtres païens et leurs dieux furent bannis du royaume.

Hélas, je savais que ce énième retournement ne suffirait pas. Son peuple l'avait trop souvent oublié pour servir d'autres dieux. Il était trop tard. Les paroles du Livre allaient s'accomplir. La seule inconnue restait la date.

Anna, l'épouse de Tobit[22]

Au temps de Salmanasar, après la défaite de Samarie, nous fûmes déportés au pays d'Assyrie[23] à Ninive avec notre jeune fils Tobias. J'avais épousé Tobit, un homme pieux et généreux de la tribu de Nephtali. Sa droiture attira les bonnes grâces de ce roi qui lui confia la gestion de ses affaires. Il se rendait régulièrement à Médie[24] pour Salmanasar. À la mort du roi, son fils Sennakérib lui renouvela sa confiance, mais les routes de Médie se fermèrent.

Tobit faisait le bien en nourrissant ceux qui avaient faim, en habillant ceux qui avaient froid, en enterrant les cadavres de nos compatriotes jetés par-dessus les remparts de Ninive. Après son retour de Judée, le roi décida de se venger de sa défaite en tuant un grand nombre d'Israélites. Tobit déroba les corps pour leur donner une sépulture. Dénoncés, nous dûmes prendre la fuite. Tous nos biens furent confisqués.

Quarante jours plus tard, le roi fut assassiné par ses deux fils. Asarhaddon, l'un de ses fils, lui succéda et le neveu de mon époux, Ahikar, fut chargé des comptes du royaume. Ahikar intercéda auprès du roi. Nous pûmes revenir. On nous rendit nos biens. Ce fut un grand soulagement.

---

22. Les Juifs n'ont jamais inséré le livre de Tobie dans leur Canon.
23. Région de l'Iran.
24. Dans une région du nord-ouest de l'Iran.

Alors que nous célébrions la fête des Semaines, mon époux dit à notre fils :

– Va voir si l'un de nos frères déportés est dans la misère et invite-le à partager notre repas.

Lorsque Tobias rentra seul et mal à l'aise, son père l'apostropha :

– Eh bien, mon enfant ?
– Père, l'un des nôtres git sur la place du marché, étranglé.

À ces mots, je compris que mon époux allait, une fois de plus, outrepasser les ordres du roi. Je venais à peine de formuler cette pensée, qu'il sortit de table. Sans même avoir touché à son repas, il partit. Il revint avec le mort et le déposa dans une chambre en attendant le coucher du soleil. Dans la nuit sans lune, il partit l'enterrer. La nuit n'avait pas chassé la canicule du jour. La chaleur était toujours écrasante. En rentrant, il avait pris un bain pour effacer la trace de la mort. Il était sorti dans la cour le visage découvert. Très vite, il était rentré. Ses cris m'alertèrent. Je courus à sa rencontre. Il se frottait les yeux.

– Que t'arrive-t-il ? dis-je inquiète.
– Apporte-moi de l'eau. Des moineaux ont lâché leur fiente toute chaude dans mes yeux.

Je lui nettoyai délicatement les yeux à l'eau froide, mais il souffrait toujours autant. Le lendemain, des taches blanches apparurent. Le médecin lui donna un onguent que je lui appliquai. Mais il se plaignait que sa vue baissait. De médecin en médecin, d'onguent en onguent, rien n'arrêta le mal. Les taches blanches recouvrirent progressivement ses yeux. Il devint aveugle. Pendant deux ans, Ahikar pourvut à notre entretien puis il partit en Élymaïde[25].

Pour subvenir désormais à nos besoins, je filais de la laine sur commande. Mon époux avait beaucoup changé depuis qu'il avait perdu la vue. Il était tourmenté par ce qu'il vivait comme un outrage sans raison. Lui, si juste, si respectueux de la Loi s'interrogeait sans cesse sur la cause de sa malédiction. Payait-il au titre du collectif ou à titre personnel ? Que n'avait-il pas su voir ? Les jours où l'iniquité était à son paroxysme, il concluait que c'était Dieu qui était aveugle. Et comme une litanie sans fin, pendant que je filais, il me rappelait : qu'il pratiquait une ascèse très stricte, qu'il était le seul à avoir fait le pèlerinage à Jérusalem, à donner aux pauvres, aux veuves et aux orphelins, à refuser de manger les mets des païens, à donner une sépulture aux morts. Accablée par son cruel destin, je l'écoutai prier pour demander à être délivré de cette épreuve injuste par la mort. Je ne savais que faire pour lui. Sa maladie l'avait rendu amer. Il ne goûtait plus la saveur de la vie.

Dans l'après-midi, des clients en plus de mon dû m'offrirent un chevreau pour me remercier de la qualité de mon travail. Je les remerciai vivement, heureuse de pouvoir le cuisiner pour mon époux. Dès qu'il entendit le chevreau bêler, il m'accusa de l'avoir volé. Je jurai : « C'est un cadeau que l'on m'a donné ». Mais il ne me crut pas. Lui autrefois si généreux, ne croyait pas à la générosité gratuite des autres. Où était l'époux charitable que je connaissais et que j'admirais ? Son épreuve après l'avoir bousculé dans sa foi, le faisait-elle douter des intentions des

---

25. Au sud-ouest de l'Iran.

autres et de ma parole ? Tobit, « celui qui est bon », attendait-il quelque chose en retour de ses bonnes actions ?

Je m'emportai contre lui :

– Où sont donc tes aumônes ? Où sont donc tes bonnes œuvres ? Tout le monde sait ce que cela t'a rapporté.

Il ne dit rien. Par culpabilité de m'être laissée aller à la colère et par compassion, je cherchais une réponse à son aveuglement soudain. Je voulais l'aider. Respecter les commandements de l'ÉTERNEL, ne suffisait pas. Que fallait-il faire de plus ?

Toujours dans le souhait de mourir, Tobit pensa à l'argent resté à Médie. Il fit venir notre fils :

– J'ai déposé dix talents chez Gabaël à Ragès de Médie. Va les chercher. Avec cet argent, fais-moi un enterrement convenable. Veille sur ta mère en te souvenant de ce qu'elle a fait pour toi. Quand elle mourra, enterre-la à mes côtés. Ne détourne jamais ton visage de l'ÉTERNEL. Fais l'aumône. Donne du pain à ceux qui ont faim, des habits à ceux qui sont nus. Sois juste. Garde-toi de toute inconduite. Choisis une femme du sang de tes pères, pas une étrangère et ses dieux. Souviens-toi que l'orgueil entraîne la ruine, l'oisiveté, la pauvreté. Paie de suite ceux qui travaillent pour toi. Ne fais à personne ce que tu n'aimerais pas subir. Ne bois pas de vin jusqu'à l'ivresse. Sache demander un avis et ne méprise pas un sage conseil. Ne laisse jamais les commandements s'effacer de ta vie, suis-les scrupuleusement. Vois Dieu en toutes choses.

Tobias, soucieux de faire plaisir à son père, l'écouta sans l'interrompre. Puis, les sourcils froncés, il se frotta la bouche, avant de répondre :

– Je suivrai toutes tes recommandations père, mais comment ferai-je pour reprendre le dépôt ? Gabaël ne me connaît pas et je ne le connais pas non plus.
– Il y a vingt ans, nous avons échangé nos signatures sur un billet. Je l'ai coupé en deux afin que nous en ayons chacun une partie.

Certainement peu rassuré par un tel voyage, je l'entendis ajouter :

– Mais, je ne connais pas la route pour me rendre à Ragès.
– Cherche-toi un compagnon de voyage sérieux et je lui paierai ses frais, dit mon époux, décidé à récupérer cette somme.

Tobias s'exécuta et partit à la recherche d'un guide pour se rendre en Médie. Il fut vite de retour. Le destin l'attendait aimablement à la porte de la maison. Exalté par sa rencontre providentielle avec un certain Azarias, il eut vite fait de la narrer :

– Incroyable, juste en sortant, j'ai trouvé un Israélite qui a déjà parcouru plusieurs fois la route. Comble de bonheur, il connaît aussi Gabaël. Je n'en crois pas ma chance !
– Je souhaite le voir, répondit mon époux plus prudent.

Le dénommé Azarias vint chez nous. Jeune homme aimable et bien élevé, il se présenta à nous comme un parent. Mon époux lui fit confiance et se réjouit pour son fils d'avoir un tel compagnon de voyage. Il l'engagea pour une drachme par jour et lui promit de dépasser le prix convenu si tout se passait bien. Notre fils se mit aussitôt en route avec Azarias, accompagné de notre chien. Je les suivais des yeux, rassurée de les savoir ensemble. Un chemin familier pour Azarias, inconnu pour Tobias.

Quinze jours passèrent. Tobias n'était toujours pas revenu. Mon époux, qui avait fait le voyage maintes fois auparavant, s'inquiétait lui aussi ; deux jours voire trois, pour un pas moins pressé, suffisaient pour un trajet simple. Dès le huitième jour, je m'installai près de la fenêtre pour filer et mieux surveiller la route. Comme un caillou dans ma sandale, chaque jour passé blessait plus profondément ma chair. Inquiète, je me mis à sortir constamment, guettant le moindre signe de poussière au loin. Lorsque je rentrais, je pleurais mon fils mort. Mon époux tentait de me réconforter. Mais la longue absence de mon fils avait transformé le goût du bon vin en vinaigre acide.

Alors que je m'attendais au pire, en milieu de matinée, je les vis au loin. En apercevant Tobias, Azarias et le chien, je criai : « Les voilà ! ». Je posais mon fuseau. Éperdue de joie, je courus me jeter au cou de mon fils. Mon mari réussit à franchir, seul, la porte de la cour. En voyant son père, Tobias fit une chose étrange. Il souffla sur ses yeux malades après lui avoir appliqué un onguent. Pendant qu'il le massait, il lui donna des explications :

– Sur le chemin, j'ai pêché un poisson. Sous les conseils d'Azarias, j'ai retiré le fiel, le cœur et le foie. La fumée du cœur et du foie m'ont permis de lutter contre un esprit malin, quant au fiel, il ôte les taches blanches.

Après quelques minutes d'attente, Tobias retira la petite peau du coin des yeux de son père. Mon époux retrouva la vue, et sa foi. L'ÉTERNEL ne l'avait pas abandonné. Après l'obscurité d'une nuit profonde et sans fin, la lumière du jour révélait à nouveau tout ce qu'il avait connu. Après le désir de mourir, la joie de vivre. Une joie amplifiée par l'annonce de bonnes nouvelles : Tobias avait rapporté les dix talents, épousé Sara, fille de Ragouël, vertueuse et bien dotée. Après la pauvreté, la richesse. Et maintenant, la promesse d'une descendance. Nous n'avions pas assez de louanges pour remercier la cascade de bienfaits que nous recevions.

Mon mari partit à la rencontre de notre belle-fille pour lui souhaiter la bienvenue dans notre maison. Ce jour-là fut une fête pour tous nos frères. À la fin des noces, mon époux demanda à notre fils de régler le prix convenu avec Azarias.

– Père, combien vais-je lui donner pour ses services ? Même en lui donnant la moitié des biens, nous ne perdons pas pour tout ce qu'il a fait pour nous.

Mon époux acquiesça :

– Autant les gages pour le service rendu sont faciles à déterminer, autant il est impossible d'évaluer le prix de ton bonheur et la guérison de mes yeux. Cependant, fais-le venir ! Nous lui demanderons la somme qu'il désire.

Lorsqu'Azarias se tint devant eux, les deux hommes furent déconfits d'entendre que l'argent ne l'intéressait pas. C'est alors qu'il révéla sa véritable identité :

– Je vais vous apprendre la vérité. Je suis l'ange Raphaël, « Dieu a guéri », l'un des sept Anges qui se tiennent toujours prêts à servir la gloire de l'ÉTERNEL.

Saisis par cette révélation, nous restâmes cois. Nous nous prosternâmes. D'une voix douce et rassurante, Raphaël dit :

– Ne craignez rien. Ce n'est pas à moi que vous devez ma présence avec vous, mais à la volonté de Dieu. Écrivez tout ce qui est arrivé. S'il faut garder le secret du roi, il convient de révéler et de publier les œuvres du Saint Nom, dit-il.

Quand nous nous redressâmes, Raphaël n'était plus visible. Mais ses paroles étaient la réponse non seulement à notre histoire, mais à celle de l'humanité. Pratiquer les commandements, être fidèle à la Loi n'était pas suffisant. La fiente tombée du ciel traduisait une erreur, un aveuglement. Nous devions sentir la présence de l'ÉTERNEL aussi bien dans le bonheur, la victoire, les rencontres, les inattendus que dans les épreuves. Tout était à vivre avec lui. Notre exil ne devait pas conduire au doute et à l'éloignement. Il nous donnait l'occasion de témoigner de la grandeur du Très-Haut afin qu'elle soit sur toutes les lèvres. Notre vécu se transformait en un grand malheur dans la mesure où éloignés de lui, coupés de la source, nous souffrions. Alors que toute expérience vécue pleinement avec lui permettait d'évoluer, d'aller vers sa Lumière.

Sara, épouse de l'espérance

J'étais stupéfaite qu'une servante s'adressât ainsi à moi. Non seulement elle m'avait insultée, accusée, mais elle avait clairement exprimé son désir que je meure. En sanglotant, je montai dans ma chambre. Elle avait raison, j'avais été donnée sept fois en mariage. Avant que nous soyons unis comme époux, l'homme mourait dans la chambre des noces. Quelle était la cause de ces morts subites ? Quelle était ma part de responsabilité ? Pourquoi devais-je continuer à vivre ?

Je décidai de me pendre.

Mais au moment de me passer la corde au cou, j'entendis les gens blâmer mon père Ragouël : « Tu n'avais qu'une fille chérie et de malheur, elle s'est pendue ». Je ne pouvais pas affliger ainsi la vieillesse de mon père.

Je venais de renoncer à mon funeste projet lorsque deux hommes se présentèrent. Mon père trouva que le plus jeune ressemblait à un dénommé Tobit. Lorsqu'il lui affirma qu'il s'agissait de son père, le mien se réjouit de faire sa connaissance. Il embrassa Tobias, le fils de son parent et pleura. De passer aussi vite du rire aux larmes, me déconcerta. Tout devint plus clair lorsque mon père évoqua le grand malheur qui avait frappé Tobit. Il était devenu subitement aveugle.

L'hospitalité de mon père fut à la hauteur de sa réputation. Il tua un mouton et fit une réception chaleureuse aux deux hommes. On se lava, se baigna et on passa à table. Alors Tobias s'adressa à Azarias, son compagnon de voyage :

– Si tu demandais à Ragouël de me donner sa fille en mariage ?

Je ne m'attendais pas, le jour où je songeais à mourir, à recevoir une huitième demande.

La réponse de mon père siffla comme le bruit d'une épée dans l'air :

– Mange et bois, ne gâche pas la soirée ! En tant que parent, je vais te parler franchement. J'ai tenté sept fois de lui donner un mari et tous sont morts le premier soir quand ils entraient dans la chambre. Alors, crois-moi, mange et bois, c'est ce que tu as de mieux à faire !

Je me sentis curieusement soulagée, car Tobias me plaisait. Dans ses yeux, je voyais sa droiture. Sur ses lèvres, la sagesse. Je devinais le miel de son cœur. Il ne méritait pas de mourir pour moi.

Loin d'être découragé, Tobias s'obstina :

– Je ne veux pas entendre de boire et de manger tant que je n'aurai pas de réponse de ta part.

Il n'avait pas fini sa phrase que mon père capitulait. Surprise par un tel retournement, je fermai les yeux d'effroi. Cette nuit, j'allais revivre le même cauchemar. Pourquoi un tel acharnement du destin ? Je n'eus pas le temps de m'appesantir davantage. Mon père prit ma main, la remit dans celle de Tobias et récita la formule de mariage. Il demanda à ma mère d'aller chercher une feuille de papier pour écrire. Et rédigea le contrat de mariage. Tout allait trop vite.

Après quoi, Tobias et les autres se mirent à manger et à boire. Moi, je ne pouvais avaler quoi que ce soit. Comment ce fils unique pouvait-il manger de bon appétit sachant qu'il allait bientôt mourir et laisser des parents éplorés de chagrin ?

Ma mère partit préparer la chambre de noces. Quand elle vint me chercher, mon cœur cognait dans ma poitrine si fortement que son cœur de mère l'entendit :

– Aie, confiance ma fille ! Aie confiance.

Lorsque Tobias entra dans la chambre, il déversa le contenu de son sac sur les braises de l'encens. Puis, il me demanda de me lever pour prier afin que nous recevions la grâce de notre Seigneur. Nous communiâmes avec lui, dans sa Présence, pour lui demander de nous accorder sa bénédiction et sa protection. Tobias lui ouvrit son cœur, évoquant l'amour qu'il me porta dès qu'Azarias m'eut décrite comme sérieuse, courageuse, très gentille et aimée de mon père. Celui qui disait m'aimer au point de ne plus pouvoir en détacher son cœur exprima aussi sa peur. Il savait qu'un démon tuait tout homme qui voulait s'approcher de moi. Parce que j'étais toujours vivante, il supposait que le démon m'aimait. Son amour était la cause de mon malheur. Oui, confessait-il, « j'ai eu peur de mourir à mon tour, car je suis fils unique et je n'avais pas le droit de prendre un tel risque par égard pour ma mère et mon père. » Quant à moi, je lui fis savoir que maintenant j'étais prête à quitter mon père et ma mère pour ne faire plus qu'un avec mon époux. Nous plaçâmes ensemble notre confiance dans le combat du mal et du bien en vue d'incliner le dessein de l'ÉTERNEL dans notre besoin de sécurité.

Après la prière, nous nous couchâmes, confiants. Je lui offris ma virginité. Le lendemain matin, Tobias, mon bien-aimé était toujours en vie. La peur ne l'avait pas détourné de moi. Et son amour sincère avait attiré à la fois mon cœur et la bénédiction du Ciel.

Lorsqu'au matin je retrouvai mon père, je découvris un homme heureux. La servante insolente vint au-devant de moi. Venait-elle s'excuser ? Sournoisement, elle venait m'annoncer que mon père avait creusé une tombe pendant la nuit. Puis, il l'avait envoyée dans notre chambre. Délicatement, elle avait ouvert notre porte pour voir si Tobias était mort. Mon père avait prévu de l'enterrer discrètement, avant le lever du jour. Lorsqu'elle lui avait rapporté que cette fois, je n'avais tué personne, il avait fait combler la tombe par les serviteurs. Si elle avait su déclencher hier mes pleurs, cette fois, ce fut mon rire qu'elle provoqua.

La jubilation parfumait la maison d'un parfum enivrant. Tout excité à l'idée de ce mariage réussi, mon père demanda à ma mère de faire une fournée de pains. Quant à lui, il alla prendre deux bœufs et quatre moutons dans son troupeau. Avant de partir chercher ses bêtes, il invita Tobias à rester pendant quatorze jours à manger et à boire. Il le chargea de me redonner le sourire après tous mes chagrins. Puis, nous pourrions retourner vivre chez ses parents avec la moitié des biens de mon père. Rien n'était trop beau pour celui qui avait terrassé l'esprit mauvais.

Comme un jeune époux devait s'occuper de sa femme, Azarias partit seul chez Gabaël. Au bout des quatorze jours, mon père insista pour que nous restions encore en sa compagnie. Tobias refusa arguant que ses parents devaient être inquiets de son absence. Comme mon père voulait envoyer des messagers pour les rassurer, Tobias insista. Mes parents acceptèrent notre départ. Ils nous souhaitèrent tout le bonheur possible et me confièrent à la bonté de mon époux.

Impatient de rassurer ses parents, mon époux partit devant. Je poursuivis le peu de chemin qu'il me restait avec mes serviteurs et servantes. Je n'étais pas encore arrivée, que je vis Tobias et son père venir à moi. L'homme que je croyais aveugle avançait en se passant de guide et d'un bon pas.

Par deux fois, l'ÉTERNEL avait fait des miracles.

Le courage de Judith[26]

C'était la douzième année du règne de Nabuchodonosor, roi de Babylone. Ce roi ambitieux livrait bataille pour conquérir un vaste territoire sans frontières. À ses côtés, s'étaient rangés d'autres peuples à l'exception de ceux de Syrie, des Ammonites, de Judée, de Moab, de Cilicie, de Damascène et d'Égypte. Ces derniers avaient renvoyé ses messagers à Nabuchodonosor en guise de refus. Vexé, il avait juré sur son trône de se venger par l'épée. De faire périr ceux qui s'étaient dérobés à son appel. De dévaster leur pays par la guerre pour avoir refusé de s'unir par la paix.

La dix-huitième année, le bruit courut que Nabuchodonosor avait décidé de mettre son serment à exécution. Il aurait convoqué son chef des armées, Holopherne et lui auraient demandé que nos blessés comblent nos ravins et que le sang de nos morts fasse déborder les torrents et les fleuves.

La rumeur devint réalité. Les rapporteurs décrivaient une expédition d'une taille impressionnante. Cent vingt mille hommes, des princes, des généraux, des officiers, des fantassins d'élite, douze mille archers à cheval, des chars marchaient vers nous. En grande quantité, des chameaux, des ânes, des mulets portaient leurs bagages. Pour le ravitaillement, des bœufs, des brebis, des chèvres. De Ninive à la Cilicie, rien ne leur avait

26. Livre exclu du canon hébraïque, Judith signifie « la Juive ».

résisté. Ils avaient traversé la Mésopotamie et détruit de fond en comble toutes les villes. Arrivés dans la plaine de Damas au moment des moissons, ils avaient mis le feu aux champs, pris le petit bétail et passé au fil de l'épée tous les jeunes gens. La peur était telle que des messagers de paix furent dépêchés par tous les habitants de la côte[27] vers Holopherne. Les habitants l'accueillirent parés de couronnes et dansant au son des tambourins. Il n'en dévasta pas moins tous leurs sanctuaires, coupa leurs arbres sacrés et les obligea à n'adorer qu'un seul dieu : Nabuchodonosor. Holopherne établissait des garnisons dans toutes les villes fortifiées et enrôlait des hommes d'élite comme troupes auxiliaires.

Informé de ces exactions, le peuple de Jérusalem fut saisi d'une extrême frayeur. Avec une grande ferveur, tous les Israélites, hommes, femmes, enfants, esclaves prièrent et jeûnèrent. Tous ceignirent leurs reins de sacs et mirent des cendres sur leur tête. Ils entourèrent également l'autel d'un sac. Le Grand-prêtre offrit des holocaustes de supplication. De leurs cœurs angoissés, une même demande s'élevait vers le Ciel : « Oh, SEIGNEUR, Refuge pour ton peuple, fais qu'il ne connaisse pas la mort de ses enfants, le rapt de ses femmes, la destruction de sa ville, la profanation de ton Temple ». Ils alertèrent tous les territoires. Quatre mots d'ordre circulaient : Occuper les montagnes. Fortifier les villages. Préparer des provisions. Arrêter les assaillants dans l'étroitesse des passages.

Dès qu'Holopherne apprit cette vigoureuse résistance, il entra dans une grande colère et convoqua les princes de Moab et d'Ammon pour connaître le secret d'une telle audace : « Qui est ce peuple qui ose fermer les passes de la montagne, fortifier

---

27. Ceux de Tyr, Sidon, Sour, Okina et Jamnia.

les hautes cimes et disposer des obstacles dans la plaine ? Pourquoi ne viennent-ils pas comme les autres au-devant de moi ? »

Nous apprîmes par Akhior, chef des Ammonites, qu'il avait été mandé par Holopherne pour en savoir davantage sur notre peuple. Il nous répéta les propos qu'il lui avait alors tenus :

– Ce sont des descendants des Chaldéens. Leur dieu s'est révélé d'abord dans leur histoire à partir d'Abraham puis, dans leur temple, à partir de Salomon. Ils sont partis s'installer au pays de Canaan, la terre promise par leur dieu. Puis, ils se sont réfugiés en Égypte, car la famine s'était abattue dans leur pays. Pharaon les réduisit en esclavage. Leur dieu envoya des plaies terribles aux Égyptiens si bien que les Hébreux ont pu quitter le pays. Mais Pharaon les pourchassa. Alors leur dieu dessécha la mer rouge afin que les Hébreux puissent passer. Quand ce fut le tour des Égyptiens, la mer se referma sur eux. Ce peuple a repoussé les habitants du désert, pris possession des montagnes. Tant qu'il respectait les commandements de son dieu, sa victoire était assurée. En revanche, s'il s'en écartait, son dieu les laissait s'embourber dans la défaite. Il s'agit donc d'un peuple invincible dans sa fidélité et vulnérable dans son infidélité à son dieu. Autrement dit, assure-toi de leur impiété avant d'attaquer ! En revanche, s'ils sont pieux, abstiens-toi.

– J'aimerais discuter de ta perception de l'ÉTERNEL et de son peuple avec toi, mais là n'est pas l'essentiel aujourd'hui. Viens-en aux faits, l'interrompit Ozias, chef de Béthulie, la cité où je vivais.

– Holopherne ne croit pas qu'un autre dieu puisse vous protéger, car le seul dieu est Nabuchodonosor. Dubitatif, il me promit la mort après sa victoire sur vous : « Quand tu auras vu comment je les aurai broyés comme un seul homme, alors l'épée de mes soldats et leurs lances te transperceront le flanc. » Alors, les hommes d'Holopherne s'emparèrent de moi. Ils me conduisirent jusqu'aux sources situées en contrebas de la cité où je devais être gardé jusqu'à votre défaite. Vous connaissez la suite, vos hommes nous criblèrent de pierres tandis que d'autres prirent les armes et partirent pour les prendre à revers. Aussitôt, les hommes d'Holopherne me ligotèrent et me laissèrent étendu au pied de la montagne avant de s'en retourner vers leur camp. Vos hommes m'ont libéré et vous m'avez accueilli fraternellement.

Akhior nous informa de ce qui nous attendait. Ses paroles jetèrent la panique dans chaque maison.

Le lendemain, Holopherne, avec toute son armée, était là. Immédiatement, chacun prit ses armes. Des feux furent allumés sur les tours pour veiller sur l'ennemi, la nuit. Le surlendemain, il déploya toute sa cavalerie. Il explora tout le terrain dans les moindres détails. Il s'empara de la source qui jaillit au pied de la montagne et de tous nos points d'eau. Il plaça des hommes sur les crêtes des monts les plus proches afin que tout individu cherchant à sortir de la ville fût abattu. Notre cité était encerclée par l'ennemi. Nous comprîmes alors qu'Holopherne n'avait pas l'intention de combattre, mais de nous laisser mourir de soif et de faim. Toute retraite étant impossible, nous nous sentîmes pris au piège. C'est ainsi que le siège de notre cité débuta.

Durant trente-quatre jours, nous vîmes nos jarres d'eau et nos citernes s'épuiser. Nos provisions aussi. Les femmes et les enfants succombaient sans répit. Alors tout le peuple se rassembla autour du chef Ozias et du Conseil des Anciens. Coupée de la cité depuis plus de trois ans, depuis mon veuvage, je sortis de ma réserve pour écouter les décisions qui allaient être prises.

Les hommes exigeaient que nous nous rendions comme les autres peuples avant nous :

– Livrons la ville au pillage. Mieux vaut être un âne roué de coups qu'un lion mort.

Décontenancé, Ozias reformula cette solution pour que chacun s'imprègne de ce que le peuple demandait :

– Autrement dit, plutôt que de voir nos femmes et nos enfants mourir devant vos yeux, vous préférez l'esclavage.

– Les autres peuples l'ont bien fait !

– Mais à quel prix ! Je vous en prie, avant de prendre une telle décision, accordez-moi un délai supplémentaire. Donnez-moi cinq jours. Si ce délai écoulé, aucun secours ne nous est parvenu, alors nous nous rendrons.

– Cinq jours, pas un de plus, répondirent ceux qui avaient opté pour la reddition.

Ces deux propositions, d'esclavage d'une part et de chantage à l'ÉTERNEL, d'autre part, m'indisposèrent tellement que j'envoyai ma servante quérir les anciens de la ville. Quand ils furent chez moi, je leur fis ouvertement des reproches :

– Vous avez eu tort de soutenir Ozias et de faire serment de livrer la cité à Holopherne si le Tout-Puissant ne vous portait pas secours dans le délai fixé. Qui donc êtes-vous pour faire une sommation à l'ÉTERNEL. On ne le met pas au pied du mur comme un homme ! Si vous êtes incapables de comprendre les profondeurs de l'âme humaine, comment osez-vous pénétrer l'Esprit de l'ÉTERNEL et concevoir ses desseins ? Comment pouvez-vous imaginer livrer notre cité et devenir esclaves ? Tout le royaume tombera aux mains de l'ennemi, les villes seront pillées, le Temple et l'autel profanés. À cause de nous et à jamais, resteront dans les mémoires de notre peuple la déportation du pays, le dépeuplement de notre héritage, la destruction du Temple bâti par Salomon.

– Mais le peuple avait tellement soif…

N'ayant pas été entendue par ces hommes censés être sages, je cessai d'argumenter. Emplie d'une force nouvelle, je décidai d'agir pour servir l'ÉTERNEL :

– D'accord. Trouvez-vous cette nuit à la porte de la ville. Je sortirai avec ma servante. Avant le délai imparti et avec la grâce de l'ÉTERNEL, un autre dénouement sera possible. Je ne vous dirai rien avant de m'être exécutée. Accordez-moi votre confiance.

– Nous connaissons ton intelligence, ta vertu, ta sagesse tout comme l'éclat juste et pieux de ton cœur. Va en paix.

Lorsqu'ils quittèrent ma chambre haute, je priai l'ÉTERNEL, Dieu de l'héritage d'Israël. De la profondeur de mon cœur, ma prière montait vers lui. Évoquant toute ma lignée de Siméon, je lui rendis grâce pour tous ses bienfaits passés, j'évoquai sa gloire et enfin l'ennemi d'aujourd'hui, ce Nabuchodonosor qui voulait être Dieu. Loin de moi l'idée de demander à l'ÉTERNEL de montrer qu'il était le seul vrai Dieu. Je le savais. Il nous l'avait montré autrefois ce qui n'avait pas empêché son peuple de se détourner de lui. Il n'avait plus à se manifester. J'accueillais l'épreuve par laquelle l'ÉTERNEL sondait le cœur des hommes. L'ennemi extérieur était le reflet de l'ennemi intérieur. En ce moment, l'orgueil. Je lui demandai de me soutenir dans mon action pour sauver son peuple de l'esclavage. Si dans cinq jours nous restions passifs, alors l'ennemi prendrait Jérusalem, nos vies. Je l'implorai de donner à mon esprit la finesse nécessaire pour tromper l'ennemi ; à ma bouche, des mots à la double entente ; à ma main de veuve dans la main du Saint Nom, la vaillance escomptée pour briser l'arrogance d'Holopherne. Si l'ennemi tombait à cause d'une simple femme, alors il saisirait que la libération d'Israël n'était due qu'à Dieu.

Fortifiée par sa présence, je me relevai et j'appelai ma servante. Je descendis dans la pièce où je venais les jours de sabbat et de fêtes. Je quittai mes habits de veuve. Je pris un bain. Je mis généreusement sur mon corps un parfum aux fragrances fleuries à la longue tenue et au sillage capiteux. Je revêtis une tunique de joie, couleur violette, qu'aimait autrefois mon époux Manassé. Le violet de la cérémonie, couleur délicate et troublante, entre la fougue et la froideur. Je la ceinturai d'un turban jaune d'or, mettant en évidence la finesse de ma taille. Cet or, promesse d'abondance, qui exaltait tant l'humeur de l'homme avide. Je peignis ma chevelure pour lui donner de la brillance. Je mis mes plus beaux bijoux : bagues, anneaux, pendants d'oreilles sertis de pierres précieuses qui scintillaient comme les étoiles dans la nuit. Enfin, je chaussai mes sandales.

Je donnai à ma servante une outre de vin, une cruche d'huile, des galettes de farine d'orge, des gâteaux de fruits secs. Je sortis, parée de ma tenue des jours de fête, comptant qu'elle puisse mettre en valeur ma beauté comme au temps des jours heureux. Les anciens donnèrent l'ordre d'ouvrir la porte de la ville. Les soldats obéirent.

Je descendis la montagne jusqu'à la traversée du vallon. Un poste avancé se porta à ma rencontre. Ils me saisirent brutalement par le bras. Leurs questions fusaient de toutes parts :

– Quel est ton camp ? D'où viens-tu ? Où vas-tu ?

– Je suis une fille des Hébreux. Je m'enfuis de la cité, car ils ne tarderont pas à vous servir de pâture. Je viens voir Holopherne pour lui donner des renseignements afin qu'il se rende maître de la ville et de tout le pays sans verser une goutte de sang.

– Va donc le retrouver sous sa tente. Répète-lui ce que tu viens de nous dire. D'avoir pris les devants sera à coup sûr ton salut.

Le poste de garde détacha alors des hommes pour me conduire vers Holopherne. La nouvelle de mon arrivée s'étant répandue, une grande effervescence agita ces soldats en manque de femmes. Leurs regards concupiscents me rassurèrent sur l'effet que je pouvais produire sur leur chef. Mon cœur battit très fortement lorsque je m'approchai de sa tente. Précédé de porteurs de flambeaux d'argent, Holopherne sortit sous l'auvent. Je me prosternai devant lui. Des serviteurs me relevèrent.

– Ne crains rien ! Je n'ai jamais fait de mal à quiconque sert Nabuchodonosor, roi de toute la terre. Si ton peuple de montagnards ne l'avait pas méprisé, je n'aurais pas levé la lance contre lui.

Dans tout l'élan que m'insufflait la volonté de sauver mon peuple, je déclamai :

– Vive Nabuchodonosor, roi de toute la terre, qui t'a envoyé remettre toute âme vivante dans le droit chemin. Vive sa puissance ! Car, grâce à toi et par l'effet de ta force, ce ne sont pas seulement les hommes qui le servent, mais les bêtes sauvages, les troupeaux et les oiseaux du ciel. Tous, sur la terre et dans le ciel, vivent pour Nabuchodonosor. De même, tout le monde a entendu parler de ton talent dans la conduite de la guerre et des ressources de ton esprit. Je suis venue à toi pour te servir. Akhior t'a dit la vérité, notre peuple est invincible dans sa fidélité à son Dieu, mais aujourd'hui il est vulnérable dans son infidélité. Désormais, il mange tout ce qui est interdit par la Loi, y compris les prémices de blé, le vin et l'huile consacrés comme à Jérusalem. Lorsque j'ai vu de tels sacrilèges, en tant que femme pieuse, j'ai quitté ce peuple vil pour venir vers toi.

– Que me proposes-tu ?

– Je sortirai la nuit pour prier mon Dieu afin qu'il m'indique le jour où sa protection cessera. Je viendrai t'en informer sur le champ. Personne ne pourra te résister. Je te guiderai à travers la Judée jusqu'à Jérusalem. Alors tu les conduiras comme des brebis. Aucun chien ne viendra gronder devant toi. La lumière de ta gloire sera plus brillante encore que le soleil dans le ciel.

– D'un bout du monde à l'autre, je n'ai jamais rencontré une femme aussi belle et à l'éloquence aussi bienveillante que toi. Dans mes mains, je tiendrai la puissance et les leurs n'auront plus rien que la ruine à saisir. Quant à toi, si tu fais comme tu l'as dit, le palais du roi Nabuchodonosor sera ta demeure. Tu seras célèbre sur toute la terre. Ton dieu sera mon dieu.

Le conquérant était à son tour conquis, mais je restais vigilante. L'ennemi devait toujours être considéré comme un ours, ne serait-il qu'une fourmi. Il m'introduisit dans la tente où était disposée la vaisselle d'argent et me fit servir des mets.

– Je suis obligée de refuser d'en manger, de peur qu'il y ait là une occasion de faute. Ce que j'ai apporté suffira, affirmai-je pour ne pas me désavouer.

– Mais si tes provisions viennent à manquer, comment pourrais-je t'en procurer des semblables ? fit-il inquiet pour son avenir.

– Ne t'inquiète pas, je n'aurai pas fini mes provisions que tu seras déjà victorieux.

Les aides de camp me conduisirent à ma tente où je dormis jusqu'au milieu de la nuit. Comme il était convenu avec Holopherne, je sortis ensuite pour prier. Durant trois jours, je sortais la nuit vers le ravin de Béthulie et me lavais à la source. C'est ainsi que les soldats s'habituèrent à me voir avec ma servante dans la plaine de Béthulie.

Le quatrième jour, Holopherne donna un banquet auquel il m'invita ainsi que ses officiers.

Je me parai de mes plus beaux atours et, comme pour la première fois, je pris un soin particulier à mon maquillage et à ma chevelure. Ma servante me précéda et étendit par terre, en face d'Holopherne, une toison que son eunuque Bagoas m'avait offerte pour mon confort journalier. Je m'étendis et je lus dans ses yeux son désir intense.

– Bois donc ! Partage notre joie ! dit-il joyeux de ma présence.

– Je bois volontiers, car depuis ma naissance, je n'ai jamais autant apprécié la vie qu'aujourd'hui !

Je mangeai et je bus ce que ma servante m'avait apporté. Tandis que les habitants de ma cité vacillaient dans leur foi sous l'effet de la soif, j'encourageai Holopherne à boire et boire encore. Quand il se fit tard, Bagoas fit sortir les officiers, fatigués par l'excès de vin et ferma la tente derrière lui. Tous s'en étaient allés, je restais seule avec Holopherne. Alors que l'ennemi espérait faire commerce avec moi, il s'était effondré sur son lit. Ivre mort.

Ma prière se tourna vers le Tout-Puissant afin qu'il me donnât la force d'aller jusqu'au bout de mon dessein. Doucement, je détachai son cimeterre, saisis la chevelure d'Holopherne, et par deux fois je frappai son cou. Sa tête se détacha. Je la pris, la cachai dans la besace à vivres. Puis, comme à notre habitude, je sortis avec ma servante. Une fois le camp traversé, nous contournâmes le ravin, nous gravîmes la pente et parvînmes aux portes de notre cité :

– Ouvrez ! ouvrez !

Lorsque les hommes nous reconnurent, les portes s'ouvrirent.

– Voici la tête d'Holopherne et la draperie sous laquelle il gisait dans son ivresse. Prenez sa tête et suspendez-la en haut des remparts. Puis, prenez vos armes et sortez de la ville. Lorsque les soldats vous verront, ils iront chercher leur chef. Lorsqu'ils trouveront son corps sans tête, la panique les envahira. Vous n'aurez plus qu'à les terrasser dans leur fuite.

Telle fut la débandade de l'ennemi. D'un élan uni, les Israélites anéantirent l'ennemi au service d'un faux dieu. Akhior, rangé à nos côtés, épousa notre foi.

La victoire, si improbable auparavant, avait réuni notre peuple. J'entamai un chant d'actions de grâce et tout le peuple clama l'hymne avec des tambourins et des cymbales. Puis, je me retirai chez moi.

La reine Vasti[28], l'insoumise

Mon époux, roi de Perse, Xerxès, dont l'empire s'étendait de l'Inde à l'Éthiopie avait invité tous les gouverneurs de ses provinces, tous les chefs des armées et tous les officiers pendant cent quatre-vingts jours. Cent quatre-vingts jours pour fêter un roi glorieux et glorifié. Cent quatre-vingts jours pour exposer pleinement la magnificence de sa grandeur et la remarquable richesse de son royaume.

Puis, ce fut au tour de la population de la citadelle de Suse de venir festoyer sur l'esplanade du jardin du palais royal.

Dès leur arrivée dans ce jardin fleuri si gracieux, aux parfums les plus précieux, les invités découvraient de majestueuses tentures de toile blanche et de pourpre violette. Elles étaient attachées par des cordons de byssus[29] et de pourpre rouge, eux-mêmes suspendus à des anneaux d'argent fixés sur des colonnes de marbre blanc. Tous les invités pouvaient contempler et admirer un faste à nul autre pareil. L'opulence de la nature et l'art de l'ornement s'épousaient dans une étreinte remarquable et remarquée. Çà et là et dans le moindre détail, tout reflétait le goût du roi pour la beauté ostentatoire. Des lits d'or et d'argent posés sur un dallage de pierres rares, de marbre blanc, de nacre et de mosaïques. Des coupes d'or aux formes aussi variées que les essences d'arbres. Du vin en abondance. Toutefois, un décret

28. Signifie « belle femme ».
29. Soie marine.

royal ne forçait pas à boire. Chacun devait être traité comme il l'entendait.

Selon l'ordre du roi, j'offrais, de mon côté, un festin aux femmes. Le septième jour, le roi somma ces sept eunuques de venir me chercher. Je m'enquis des raisons de cette étonnante demande.

Les eunuques me répondirent :

– Le roi veut montrer ta beauté au peuple et aux grands officiers.

– Mais, je préside le banquet des femmes, leur rétorquai-je.

– Le roi veut ta présence de suite, coiffée du diadème royal.

J'étais fort déroutée, car à la fin des banquets seules restaient les concubines et les prostituées au milieu d'hommes ivres et concupiscents. L'idée d'apparaître en cet instant précis, pour danser nue, était inconcevable parce qu'avilissant et déshonorant. L'image de la reine devait être préservée et la femme respectée. La reine ne devait pas être un instrument de divertissement. Or, le roi voulait m'exhiber comme tous ses objets rares qui lui donnaient de la valeur. Je refusais d'être traitée comme l'un de ses biens qui rehaussaient son prestige. Même si je devais subir des représailles, je déclinais son invitation. La beauté physique sans la beauté morale restait une cruche vide.

– Dites au roi, qu'il ne m'est pas possible de venir maintenant.

Or, loin d'être une invitation, le roi, sous l'emprise du vin, avait donné un ordre. Quand il prit connaissance de mon refus, sa colère s'enflamma. Avec le temps, son humiliation se transforma en un véritable brasier. Pour lui avoir gâché sa joie de me montrer aux autres, je devais payer le prix fort pour ma désobéissance. Il ne m'affronta pas directement.

Il s'adressa aux sages versés dans la science des lois et fit venir ses officiers. L'affront que je lui avais fait publiquement devait être lavé devant tous. Et chacun de répondre que j'avais mal agi non seulement envers le roi, mais contre tous les officiers et le royaume tout entier. Chacun d'insister sur la gravité de la faute. Chacun de craindre pour l'harmonie familiale. Chacun de vouloir maintenir l'ordre du royaume. Tous unis pour demander une sanction exemplaire afin que les femmes tiennent leur place : « La façon d'agir de la reine ne manquera pas de venir à la connaissance de toutes les femmes qui regarderont leur mari avec mépris ».

Alors que le roi accordait sa clémence aux officiers, il se montra intraitable envers moi. Je tombai en disgrâce. Pour un caprice de roi, je perdis mon statut de reine. Un édit m'interdisait même de paraître en sa présence. Puis, il fit envoyer des lettres à toutes les provinces de l'empire, afin que tout mari fût maître chez lui. Il en profita pour ajouter une clause qui obligeait la femme à parler la langue de son mari et de son peuple.

Hadassah, la reine Esther

Après avoir répudié la reine, Xerxès devait la garder encore en son cœur blessé, car il mit du temps à songer à la remplacer. La guerre l'avait sans doute aidé à estomper sa colère, car il avait décidé de prendre à nouveau une reine. Dans tout le royaume, des commissaires furent chargés de rassembler des jeunes filles, belles et vierges, à la citadelle de Suse. Or, nous vivions, mon oncle Mardochée et moi, précisément dans cette cité. J'étais orpheline de père et mère. Mardochée, de la tribu de Benjamin, déportée de Jérusalem après la défaite du royaume de Juda face à Nabuchodonosor, m'avait élevée comme sa fille.

De nombreuses jeunes filles furent rassemblées à la citadelle. Enlevée, je fus amenée au palais royal sous l'autorité d'Hégué, l'eunuque, gardien des femmes. J'attirai sa sympathie, il me prit sous son aile. Rapidement, il me donna ce qu'il me fallait pour ma parure ainsi que sept suivantes de la maison du roi. Puis, il nous transféra vers un meilleur harem.

Chaque jeune fille devait se présenter devant le roi au terme fixé par le statut des femmes, soit douze mois. Pendant les six premiers mois, nous utilisions de l'huile de myrrhe et six autres, du baume et des onguents pour les soins de notre corps. Quand le tour d'une jeune fille arrivait, elle pouvait demander ce qu'elle voulait : bijoux, robe, parfum… Le soir, elle se rendait alors chez le roi. Le lendemain, elle regagnait un autre harem. La consigne était claire : aucune jeune fille ne pouvait retourner voir Xerxès à moins qu'il se soit épris d'elle.

Lorsque vint mon tour, je demandai conseil à Hégué pour savoir comment plaire au roi. Ses conseils judicieux me permirent d'obtenir la victoire sur mes rivales. Car le roi m'aima et il m'aima plus que les autres. Il posa le diadème royal sur ma tête et me choisit pour reine à la place de Vasti. Pour célébrer nos noces, il donna un festin fastueux à tous les grands officiers et serviteurs. Pour bien montrer sa joie, il accorda un jour de repos à toutes les provinces et prodigua des présents.

Si j'étais reconnue comme reine, personne ne savait qui j'étais réellement. Pas même le roi.

Comme me l'avait suggéré Mardochée, je n'avais révélé ni ma parenté avec mon oncle ni avec mon peuple. Si je me faisais appeler Esther[30], « qui signifie la lune en perse », je me nommais en réalité Hadassa « la myrte ». L'une fidèle à l'ÉTERNEL et à son peuple, l'autre mystérieuse et séductrice.

Mardochée était attaché à la porte royale en tant que sentinelle, un poste de grande confiance. Un matin, il entendit une conversation entre deux eunuques du corps des gardes de seuil. Ils complotaient contre le roi. Mardochée m'en informa aussitôt, et à mon tour, j'en parlai au roi. Les faits se révélant exacts, ils furent envoyés au gibet. Leur histoire fut consignée sur les tablettes des chroniques royales.

Quelque temps plus tard, le roi promut Haman, du pays d'Agag, à de hautes responsabilités sur tous les grands officiers, et tous les serviteurs du roi. À ce titre, tous s'agenouillaient et se prosternaient devant ce chef politique. Tous sauf un : Mardochée. J'étais certaine qu'Haman avait constaté que Mardochée, ni ne s'inclinait, ni ne fléchissait le genou. Je redoutais la réaction de ce personnage assoiffé de pouvoir. Il

---

30. Ishtar, déesse de la fécondité associée à Vénus.

n'allait pas supporter longtemps une telle attitude, que, par ailleurs, je ne comprenais pas. Si je savais qu'Haman, de la tribu d'Ésaü, descendait d'Amalek, l'ennemi de notre peuple durant l'Exode, j'ignorais ce que cherchait à démontrer mon oncle par une telle provocation ? Qu'avait-il à gagner ou à perdre en refusant de se soumettre aux règles de considération de la haute fonction d'Haman ? Voulait-il réparer là où nos ancêtres avaient échoué ?

J'allais vite recevoir une réponse. Quelques jours après avoir formulé mes craintes, les servantes et les eunuques vinrent m'avertir que Mardochée avait déchiré ses vêtements pour se vêtir d'un sac. Ses cheveux recouverts de la cendre de l'affliction, il parcourait toute la ville en poussant des cris de douleur jusqu'à la porte Royale. Je lui fis envoyer des vêtements, mais il les refusa. J'envoyai l'un des eunuques s'informer de ce qui se passait.

Mardochée lui apprit qu'Haman était venu trouver le roi pour se plaindre d'un peuple à part qui ne respectait pas les lois royales. Il avait offert dix mille talents d'argent au Trésor royal contre l'extermination des Juifs. Le roi avait refusé l'argent. En revanche, il l'avait laissé œuvrer comme il l'entendait. Le roi avait ôté son anneau de sa main pour le donner à Haman qui allait en apposer le sceau à l'édit meurtrier.

L'an douze du règne de Xerxès, le premier mois, Haman fit tirer les sorts par jour et par mois pour connaître le jour le plus favorable à l'extermination des Juifs. Le sort tomba le 14 du douzième mois qui est Adar [31]. Haman fut fort satisfait quand le sort désigna Adar, car il se souvint que Moïse était mort le septième jour de ce mois. C'était un heureux présage. La mort de Moïse allait attirer la mort de son peuple. De plus, au mois d'Adar, les Juifs n'avaient aucune fête qui les protégeait.

---

31. Milieu de février ou mars selon le calendrier grégorien.

Les cent vingt-sept états du royaume avaient reçu l'ordre par courrier de tuer et d'exterminer tous les Juifs, enfants, femmes, hommes et vieillards ce jour-là et de mettre à sac leurs biens. Il s'accompagnait d'un édit destiné à être promulgué comme loi dans chaque province. Le premier fut publié dans la citadelle de Suse. Il mentionnait notamment que « ledit peuple, unique en son genre, se trouvait sur tous les points en conflit avec l'humanité entière à cause de lois étranges hostiles aux intérêts et à la sécurité du royaume. » Mardochée remit une copie de cet édit à l'eunuque afin que je sois informée de la menace qui pesait sur notre peuple. Ainsi Haman, au-delà d'en faire une affaire personnelle avec Mardochée, punissait tous les Juifs. Des siècles plus tard, l'histoire se poursuivait.

Je demandai à l'eunuque de nous servir d'intermédiaire et de rapporter mes paroles à Mardochée :

– Chacun sait que quiconque pénètre sans convocation chez le roi jusque dans le vestibule intérieur doit mourir. À moins qu'en lui tendant son spectre d'or, il ne lui fasse grâce de sa vie. Voici trente jours que je n'ai pas été invitée par le roi.

Par eunuque interposé, Mardochée me répondit :

– Ne crois pas que dans ton palais et en tant que reine, tu puisses être épargnée. Réfléchis aux circonstances providentielles qui t'ont faite reine. N'est-ce pas en prévision de ces jours de détresse que Vasti a été détrônée ? Nous devons agir, pas nous lamenter.

À la manière de mon peuple, j'étais envahie par le doute. La répudiation de Vasti était-elle prévue par les desseins du Très-Haut ou était-ce le fruit de l'imagination de Mardochée ? L'ÉTER-

NEL était resté silencieux depuis si longtemps. S'était-il détourné de son peuple ? Mardochée pouvait-il se tromper ? Quant à moi, je me retrouvais prisonnière de mon silence et de mon statut de reine. Comment pouvais-je agir ? Avec un époux colérique qui ne supportait pas la désobéissance, je risquais ma vie.

Soudain mon cœur bascula. Mardochée avait raison, il n'y avait pas de hasard. Vasti devait laisser sa place afin que je la prenne au moment où notre peuple serait en danger. Le roi ne m'avait pas choisie et aimée simplement pour moi. Ces événements étaient guidés par la main de l'ÉTERNEL. Mais que devais-je faire à présent ?

Haman, Amalek, l'exode, la haine. Ces quatre mots contaient notre histoire commune. Du passé pouvait naître un avenir différent. Après sa sortie d'Égypte, le peuple avait protesté contre Moïse pour avoir marché trois jours sans trouver d'eau, dans le désert de Shour. Quand ils finirent par trouver de l'eau, ils ne purent la boire. L'eau de Mara était amère comme leur sentiment, car ils avaient soif d'une vie nouvelle. Choisir son destin était plus dur que de le subir. Moïse avait jeté un morceau de bois que l'ÉTERNEL lui avait désigné. L'eau était devenue potable. Avec l'aide de l'ÉTERNEL, tout devenait possible. Mais, une fois l'épreuve terminée, le peuple oubliait les commandements de l'ÉTERNEL.

Parce qu'aujourd'hui nous pouvions agir autrement, je fis dire à Mardochée :

– Rassemble tous les Juifs de Suze, jeûnez à mon intention. Ne mangez ni ne buvez pendant trois jours et trois nuits. Je ferai de même. Ainsi préparée, j'entrerai chez le roi. S'il faut périr, je périrai.

Je quittai mes magnifiques parures et tous mes ornements pour prendre des habits de deuil et de détresse. Je défis mes tresses. Je couvris ma tête de cendres. J'abandonnai le parfum et les soins de mon corps. Je priai pour demander du secours à celui qui avait choisi Israël entre tous les peuples :

Roi tout-puissant et si juste,
Toi qui as permis, à la sortie d'Égypte,
que le faible ne soit plus opprimé par le fort,
Accepte de retourner les vils projets contre leurs auteurs.
Si Mardochée ne s'est pas incliné,
ce n'était pas par orgueil.
Ne permets pas au monde
que notre mort soit la victoire de l'impie
sur le peuple qui te loue
Tu es le seul, l'unique que j'ai servi,
fidèle à tes commandements,
libère-moi de ma peur,
déploie en moi la force,
de David contre Goliath
pour sauver des glaives et des couteaux
le nom de tout ton peuple,
qui souffre des fautes de ses pères.
Écoute la voix de celle qui t'implore.

Et tandis que le roi et Haman festoyaient et buvaient dans l'indifférence du cruel destin scellé par la faiblesse de l'un et la vengeance de l'autre, tous les Juifs jeûnaient.

Le troisième jour, je remplaçai mes vêtements d'humilité par de somptueuses parures de reine. Je pris un soin tout particulier à me mettre en valeur. Puis, sans y être invitée, je partis chez le roi avec mes deux servantes. Sur l'une d'elles, je m'appuyai. Franchissant toutes les portes, je me trouvais maintenant devant le roi. Il était assis sur son trône royal, vêtu de tous les ornements d'apparat, ruisselant d'or et de pierreries, redoutable au possible. Pourrais-je compter sur sa grâce ? Il leva la tête et lorsqu'il m'aperçut son visage s'empourpra de colère. Je perdis conscience.

Lorsque je revins à moi, j'étais dans les bras d'un roi anxieux :

– Qu'est-ce qui te trouble ainsi reine Esther ? Mon ordonnance ne te concerne pas.

– Je t'ai vu pareil à un ange et mon cœur s'est troublé par ta splendeur.

Tandis que je parlais, je défaillis de nouveau.

– Qu'y a-t-il reine Esther ? Quelle est ta requête ? Dis-moi ce que tu désires, et, serait-ce la moitié du royaume, c'est accordé d'avance ! fit-il désappointé par une telle faiblesse de ma part.

Prudente, je remis à plus tard ma vraie requête :

– Si j'ai trouvé grâce aux yeux du roi et s'il te plaît d'exaucer ma demande pour combler mon désir, j'aimerais que le roi vienne au banquet que je donnerai avec Haman.

Le roi accepta.

La veille, j'avais invité Haman, seul. Je souhaitais endormir sa méfiance, car je le savais sensible à se savoir distingué par la reine et surtout je voulais détourner son attention de tout complot contre mon oncle.

Le lendemain, j'appris que le sommeil avait fui le roi durant la nuit. Pour se calmer, il avait demandé qu'on lui lise les chroniques de son règne. Il s'y trouvait consignée la dénonciation de Mardochée contre les eunuques qui avaient projeté d'attenter à la vie du roi. Pour s'assurer des bienfaits de sa reconnaissance royale, il avait demandé quelle distinction avait été donnée à son sauveur. Comme les courtisans avaient répondu qu'il n'avait reçu aucune récompense, le roi s'inquiéta de ce manquement et s'en ouvrit à Haman : « Comment faut-il traiter un homme que le roi veut honorer ? ». J'imaginais aisément qu'Haman avait cru que cette question s'adressait à sa propre personne. J'aurais aimé voir sa déconvenue lorsqu'Haman gratifia Mardochée des honneurs qu'il avait suggérés au roi, croyant qu'il en serait l'heureux destinataire. C'est ainsi qu'il avait dû apporter des atours royaux et un cheval à son pire ennemi. Il avait dû promener Mardochée sur l'un des chevaux du roi sur la Grand-Place. Je devinais sa rage tandis qu'il était obligé de combler de présents et de faire honneur à l'ennemi qu'il voulait exterminer.

Le jour du festin, le roi avait honoré sa parole en venant avec Haman. Comme je n'avais pas répondu précédemment à sa requête, le roi me la renouvela :

– Dis-moi ce que tu désires, et, serait-ce la moitié du royaume, c'est accordé d'avance !

Le cœur chamboulé, je devais maintenant lui révéler que j'étais juive :

– Si vraiment j'ai trouvé grâce à tes yeux et si tel est ton bon plaisir, accorde-moi la vie et la vie de mon peuple. Nous avons été livrés à l'extermination. Si nous étions destinés à l'esclavage, je ne t'aurais pas importuné, mais c'est la tuerie d'enfants, de femmes et de tout un peuple qui a été déclarée. De plus, le persécuteur ne pourra jamais compenser le dommage qui va en résulter pour toi et ta grandeur.

Je lus en même temps la frayeur dans les yeux d'Haman et la surprise dans ceux du roi.

– Quel est le nom de ce persécuteur ? demanda le roi.
– Le persécuteur ? C'est Haman.

Je vis Haman se décomposer en comprenant que sa vie et ses ambitions s'écroulaient. Je pouvais deviner le goût âpre de sa défaite à cause d'un Juif insignifiant à ses yeux. Pris dans un tourbillon d'émotions, le roi se leva et quitta le banquet pour gagner le jardin du palais. Quant à Haman, il resta pour implorer ma grâce. Quand le roi revint, il vit Haman effondré sur le divan là où j'étais étendue. Furieux peut-être de l'imaginer en train de me violer, il fit saisir Haman. Sa jalousie fusionna avec sa colère qui était déjà à son comble. Harbona, un eunuque fit alors remarquer au roi :

– Justement, il y a une potence de cinquante coudées, qu'Haman a fait préparer pour ce Mardochée qui a parlé pour le bien du roi.
– Qu'on l'y pende, ordonna le roi.

Le roi, qui avait repris son anneau à Haman, le mit au doigt de Mardochée. J'implorai ensuite le roi de faire révoquer les lettres émises dans toutes les provinces royales par Haman. Le roi répondit :

– Esther, je te donne la maison d'Haman. À Mardochée, le droit de faire ce qu'il juge bon au sujet de ces lettres.

Les scribes royaux furent convoqués aussitôt par mon oncle. Ils écrivirent l'annulation de l'ordre d'Haman à tous les gouverneurs de l'Inde à l'Éthiopie, selon leur écriture et leur langue. Ils rédigèrent le droit donné aux Juifs de se rassembler pour mettre leur vie en sûreté avec la permission de tuer tous ceux qui voulaient les attaquer ou piller leurs biens. Le droit de suivre leurs lois. Et ce, dès le treizième jour du douzième mois qui est Adar.

Ce jour-là, les Juifs qui devaient périr tuèrent leurs ennemis. Les deux jours suivants ne furent pour notre peuple qu'allégresse, liesse et banquets. C'est ainsi que le quatorzième jour et le quinzième jour d'Adar inaugurèrent la fête des Purim, en souvenir d'Hanam qui avait tiré le « Pur[32] ». On fêta ce renversement de situation. Le fort était devenu faible et les faibles devenus forts. Après le combat contre nos ennemis, ce furent jours de repos. La tristesse se changea en joie. La désolation en jours de fête. En souvenir de ces festins qui avaient détrôné Vasti et anéanti Haman, nous festoyions à notre tour. Nous buvions jusqu'à ne plus connaître la différence entre « maudit soit Haman » et « béni soit Mardochée ». Seule notre âme la concevait.

Je fis rédiger une ordonnance pour fixer la loi de Pourim en mémoire de cette histoire. Je voulais que cette loi fût écrite dans un livre afin qu'on la fêtât de génération en génération, dans chaque famille, dans chaque province, dans chaque ville pour conjurer la menace d'une extermination. Le rire n'est-il pas la réponse à l'angoisse de l'anéantissement ou à la promesse de l'enfantement ? Oui, sans aucun doute, le rire signifiait la confiance placée dans le Saint Nom. Et nous riions tous, unis dans la même joie.

32. C'est-à-dire les sorts.

Le martyr d'une mère gardienne de la Loi et de l'identité

En ce temps-là, Antiochus IV régnait sur notre pays. Il avait osé pénétrer dans notre sanctuaire le plus saint de la terre, l'avait pillé et avait consacré notre Temple à Zeus. L'occupant voulait une seule religion pour son royaume. Il nous obligeait à renoncer aux lois de nos pères en laissant nos enfants incirconcis et en sacrifiant des porcs sur l'autel. La fidélité à notre Loi était sévèrement punie par l'ennemi. La mort ou l'esclavage. Malgré cela, tous les Judéens ne lui étaient pas hostiles. Mais des hommes fidèles[33] se rebellaient tandis que d'autres s'étaient échappés dans le désert.

Mes fils et moi venions d'être arrêtés. Maltraités, on voulait nous contraindre sous les coups de fouet à manger du porc, nourriture interdite par notre Loi. Nous refusâmes. Nous savions que nous encourions la mort. Je ne devais pas faiblir pour mes fils afin qu'ils puissent mourir avec courage et dans la dignité. Notre sang contribuerait à expier nos fautes, notre vie sacrifiée servirait de rançon[34]. S'ils étaient mes enfants, ils étaient avant tout les fils du créateur de l'humanité. Si une mère donnait la vie, le développement de l'enfant dans ses entrailles ne relevait

33. Les Macchabées.
34. La rançon : il s'agit d'un paiement qui permet le rachat de l'humanité.

ni d'un savoir ni d'un pouvoir encore moins d'un vouloir humain. Dans la langue de nos pères, je leur rappelai la transmission de l'enseignement que j'avais reçu des miens : « Parce que le Créateur a donné le souffle de la vie et de l'esprit dans cette vie, le créateur nous la rendra dans l'autre vie. »

Face à son bourreau, mon premier fils prit la parole : « Nous préférons mourir plutôt que d'enfreindre la loi de nos pères ».

Le roi, hors de lui, ordonna que ses soldats mettent les poêles et les chaudrons à chauffer. Dès qu'ils furent brûlants, le roi ordonna que l'on coupe la langue de mon fils pour avoir été notre porte-parole. Puis, on lui enleva la peau de la tête et on lui trancha les extrémités. Tandis qu'il respirait encore, ils le firent cuire.

Que dire de l'horreur que je ressentis en voyant la chair de ma chair mourir ainsi ? Mais, je n'intervins pas. Je devais montrer le même courage que mes fils.

Les soldats prirent mon second et lui arrachèrent la peau de la tête avec les cheveux. On lui demanda :

– Veux-tu manger du porc avant que ton corps soit torturé membre par membre ?

– Non, dit-il fermement.

Au moment de rendre son dernier soupir, il trouva la force de dire à son tortionnaire :

– Tu nous exclus de la vie présente, mais le Roi du monde nous ressuscitera pour une vie éternelle, nous qui mourons pour ses Lois.

Après ce fut au tour de mon troisième, qui, avant de mourir, clama avec courage : « C'est du Ciel que je tiens mes membres et c'est auprès de lui que je les retrouverai ».

Mon quatrième fut soumis aux mêmes tortures que ses frères et lui aussi brava le roi : « Mieux vaut mourir de la main des hommes en tenant de l'ÉTERNEL l'espoir d'être ressuscité ».

Mon cinquième fit de même et en fixant les yeux du roi, chercha à l'humilier et le maudit : « Si tu as aujourd'hui l'autorité sur les hommes, tu connaîtras un jour la même épreuve jusqu'à ta descendance ».

Cela étant, ils amenèrent mon sixième qui adressa son message à Antiochus « Ne crois pas que nous mourons à cause de toi, mais par nos déviations commises à la fidélité envers notre Dieu. Et surtout, ne crois pas que tes crimes resteront impunis, car sache que c'est au Tout-Puissant que tu as fait la guerre ».

Par le courage et les bravades de mes six fils, le roi se sentit bafoué dans son autorité. Comme mon plus jeune était encore en vie, le roi tenta de le faire fléchir autrement. Il ne voulait pas perdre totalement le contrôle. Plutôt que la peur, il préféra utiliser les promesses et les serments pour séduire l'adolescent. Le roi promit à mon enfant que s'il abandonnait ses traditions, il ferait de lui un ami et lui confierait de hautes fonctions. Il avait le pouvoir de le rendre riche et heureux.

Antiochus sentit que mon fils, malgré son jeune âge, ne se laissait pas séduire par son appel pressant à la sincérité douteuse. Lui, le roi, qui pouvait faire ce qu'il voulait était en passe d'échouer à faire manger du porc à des Juifs. Impuissant, il usa d'un dernier stratagème. Quoi de plus convaincant que les paroles d'une mère aimante ? Quoi de plus facile à dominer qu'une femme ? Il m'exhorta pourtant longuement à donner des conseils avisés à mon petit dernier pour son salut. J'acceptai de parler à mon fils, mais pour un salut de toute autre nature.

L'amitié, la réussite, la richesse et le bonheur se limitaient à notre existence terrestre. Or l'ÉTERNEL offrait le salut non seulement dans ce monde, mais dans celui d'après.

Animée de mes sentiments du féminin et de ma force du masculin de l'être, je parlai à mon fils en hébreu. D'une part, pour ne pas être comprise de notre bourreau, d'autre part, par fidélité aux patriarches :

– Regarde le ciel et la terre et vois tous ceux qui sont en eux. Du rien, le créateur les a faits et nous avons été créés de la même manière. Ne crains pas ce bourreau, montre-toi digne de tes frères. Accepte la mort afin que je te retrouve avec eux dans sa miséricorde.

Aussitôt, mon plus jeune interpella les soldats :

– Qu'attendez-vous ? Je n'obéis pas aux ordres du roi, mais aux ordres de la Loi.

Puis, il se tourna vers Antiochus :

– Quant à toi, en tant que roi, tu te sens protégé par ton pouvoir, mais tu n'échapperas pas à celui qui voit tout et qui peut tout. Je lui livre mon corps et ma vie comme mes frères afin que s'arrête la colère du Tout-Puissant déchaînée par notre peuple. Mais toi ? Tu n'es qu'un instrument du Très-Haut. Car c'est du Ciel que vient le jugement, pas des hommes. Souviens-toi que tu n'échapperas pas aux justes châtiments de ton orgueil. Alors quand tu seras confronté à tes vaines espérances et que l'épreuve t'éprouvera ne serait-ce qu'à la hauteur de ce que tu nous as fait subir, confesse alors qu'il n'existe qu'un seul Dieu.

Le supplice de mon dernier fut encore plus cruel que pour ses frères. La résistance de mes fils unis dans l'adversité avait mis à mal l'autorité du roi. Il n'avait été ni entendu ni obéi.

Lorsque son regard croisa le mien, je sus que j'allais pouvoir rejoindre mes enfants.

La femme de Job

Je vivais heureuse dans le pays de Ouç avec mon époux Job, mes sept fils et mes trois filles. Job était l'homme le plus fortuné d'Orient avec ses sept mille brebis, trois mille chameaux, cinq cents paires de bœufs, cinq cents ânesses et de très nombreux serviteurs. Il était pieux, droit et intègre. Nous vivions heureux sous la bénédiction du Ciel.

Jusqu'au jour où le malheur frappa à notre porte. Pour chaque coup, un malheur de plus.

Alors que le soleil brillait encore pleinement, nous vîmes arriver un des laboureurs, essoufflé et le visage ravagé par la douleur. Il s'adressa à Job, en haletant :

– Tes bœufs labouraient et les ânesses paissaient à leurs côtés quand les Sabéens ont fondu sur eux et les ont enlevés. Ils ont tué tous tes serviteurs. Je suis le seul rescapé.

Ces mots venaient juste de frapper de torpeur le visage de mon époux lorsqu'un berger, le visage et les vêtements noirs de suie, survint :

– Le feu a brûlé la bergerie, les brebis et les pâtres. J'ai vu les flammes lécher les murs puis dévorer tout sur leur passage. Bêtes et hommes aussi. Je suis le seul rescapé…

Le berger n'avait pas fini sa phrase qu'un gardien des chameaux surgit sous nos yeux affligés.

– Les Chaldéens, divisés en trois bandes, ont fait un raid contre les chameaux. Ils les ont tous enlevés, après avoir passé tous les serviteurs au fil de l'épée. Je me suis sauvé pour t'annoncer cette triste nouvelle, fit-il tristement.

Le souffle coupé par ce déferlement de malédictions, nous n'étions plus en mesure d'écouter une perte supplémentaire lorsqu'un autre serviteur arriva. Les mots de l'homme semblaient ne pas pouvoir franchir sa bouche. Profondément meurtris par la perte de nos gens et de nos biens, nous étions suspendus à ses lèvres. Après une respiration profonde, il s'élança :

– Tes fils et tes filles étaient en train de manger et de boire du vin dans la maison de ton fils aîné lorsqu'un vent violent a soufflé du désert. La maison est tombée sur tes enfants qui ont péri.

Désormais, nous avions tout perdu. Alors Job se leva, déchira ses vêtements. Puis, il se rasa la tête. J'étais anéantie par la perte de mes enfants. Ni lui ni moi ne comprenions cette succession de malheurs. Job n'avait jamais failli en quoi que ce soit. Il avait beau réfléchir à tous ses actes, il se pensait innocent. Il craignait le Tout-Puissant, lui offrait des holocaustes et le priait. Comme lui, je ne comprenais pas la cause de cette malédiction. Rien dans son comportement ne pouvait avoir attiré la colère de l'ÉTERNEL. Une colère visiblement incommensurable en considération de la perte de tous ses biens, de ses gens et de ses enfants.

Alors que nous pensions ne plus rien avoir à perdre, le sort s'attaqua à la santé de mon époux. Job tomba gravement malade. De la plante des pieds jusqu'au sommet de la tête, il se mit à souffrir profondément. Comme nous avions tout perdu, je gagnais notre pain. Je lui préparais la nourriture qu'il aimait, il n'avait pas faim. Tendrement, je prenais soin de lui, de sa peau qui suppurait et se gerçait. Sa souffrance était telle que je me sentais impuissante à le soulager. Jusqu'au jour où la souffrance devint si insupportable que Job prit un tesson pour se gratter. Il s'installa dans les cendres, en deuil de ses enfants, et dans l'attente de sa propre mort.

Confrontée à tant de malheurs et de souffrance, je m'étonnais d'avoir été épargnée dans mon corps. Ma santé restait bonne tandis que celle de mon époux déclinait. Je cherchais des explications. J'essayais de comprendre. Job éprouvé dans son avoir et dans son corps, devait-il accoucher de son être ? Sa vision de ce qui était juste dépendait de son propre regard. Était-elle conforme à celle de l'ÉTERNEL ? Ce qui me fit dire à Job :

– Pourquoi persévères-tu dans ta perfection ? Bénis Dieu et mute[35].

– Je ne te reconnais pas dans ces propos. Tu parles comme une folle. Si nous accueillons le bonheur comme un don de Dieu, comment ne pas accepter le malheur ? fit-il.

La nouvelle des maux qui avaient frappé Job parvint à ses amis. Lorsqu'ils le virent, ils éclatèrent en sanglots tant il avait changé. Ils s'assirent près de lui et restèrent durant sept jours

35. Traduction d'Annick de Souzenelle dans *Le Baiser de Dieu* aux éditions Albin Michel au lieu de « Maudis Dieu et meurs ».

et sept nuits sans lui adresser la parole. Que se passait-il ? Où se logeait leur amitié d'antan ? Pourquoi ne cherchaient-ils pas à le consoler ? Le soupçonnaient-ils d'avoir attiré la colère de l'ÉTERNEL ? Dans leur silence, le jugeaient-ils ?

Le huitième jour, Job brisa le silence. Son premier mot fut un cri. Il maudit le jour de sa naissance :

– Pourquoi ne suis-je pas mort aussitôt enfanté ? Désormais, toutes mes craintes se réalisent. Je n'ai plus aucun repos. Pourquoi m'avoir permis de vivre si c'est pour souffrir autant aujourd'hui ?

Cette plainte fut étouffée par Éliphaz, le plus âgé :

– Si on t'adresse la parole le supporteras-tu ? Toi qui savais si bien faire la leçon aux autres, te voilà pris, à ton tour, dans la tourmente du doute. Ta piété devrait t'inspirer confiance à moins qu'elle ne soit liée qu'à ton bonheur et à ton prestige. Je parle d'expérience : ceux qui labourent l'iniquité et sèment le malheur les récoltent. Tu entreras dans la tombe comme on entasse la meule en son temps. L'ÉTERNEL fausse-t-il la justice ? Non, jamais. Sa loi de la rétribution est juste.

Job récusa cette accusation :

– Je n'ai rien commis qui mérite une si grande souffrance. Pourquoi m'accorde-t-il une si grande importance pour me scruter ainsi à chaque instant ? Personne ne peut imaginer le poids de mon affliction, aussi lourde que le sable des mers. Mes amis se sont évanouis comme la glace sous l'ardeur du soleil. Et vous mes plus fidèles, à ma vue, vous prenez peur !

À ces mots, Bildad réagit :

– Jusqu'à quand parleras-tu de la sorte ? Médite sur l'expérience passée de tes pères. Ne crois pas que l'ÉTERNEL rejette l'homme intègre.

Job reprit la parole :

– Je le sais. Je voudrais me défendre. Il se tait. Même si je suis dans mon bon droit, à quoi bon le lui dire ? Il ne me répond pas. Si je vais à l'orient, je ne le vois pas. À l'occident, non plus. S'il est occupé au nord, je ne le trouve pas et au midi, je ne l'aperçois pas. Il m'appellerait, je lui répondrais. Pourquoi les scélérats prospèrent-ils en ignorant la peur ? Au jour des fureurs, pourquoi sont-ils préservés ? Mais suis-je parfait ? Je ne le sais plus moi-même. Pourtant ma prière et mes actes étaient purs.

Çofar intervint :

– Suffit-il d'être bavard pour avoir raison ? Ton verbiage rend muet tout le monde. Si El Shaddaï voulait te parler, il te dévoilerait les secrets de la sagesse qui te déconcerteraient. Allons, révise ta pensée.

Job ironisa :

– Vraiment vous êtes la voix du peuple. On se moque du juste intègre. À l'infortune, le mépris. Aux pillards, la sécurité. Si l'ÉTERNEL détruit, nul ne peut rebâtir. S'il retient les eaux, c'est la sécheresse. Il agrandit les nations, puis les ruine. L'homme, une fois couché, ne se relèvera pas. Vos leçons apprises sont des défenses d'argile ! Votre sagesse consisterait à vous taire.

Choqué par ces propos, Éliphaz se déchaîna encore plus :

Que sais-tu que nous ne sachions ? La passion qui t'emporte te fait tenir un discours outrageux contre le Très-Haut. Ce qui t'arrive n'est pas gratuit. Implore la miséricorde de l'ÉTERNEL.

La colère monta d'un cran chez Job :

– Quels piètres consolateurs vous faites ! Quand je parle, ma souffrance ne cesse pas pour autant. Alors si je me tais, pourquoi disparaîtrait-elle ? Oui, même si cela vous déplaît de l'entendre, je maintiens mon innocence. Je vivais tranquille quand le Très-Haut m'a fait chanceler pour me briser. Mon visage est rougi par les larmes et je n'ai pour compagnons que des railleurs ! Reconnaissez que vous êtes incapables de me donner une explication valable à ma disgrâce.

– Pourquoi nous parles-tu ainsi ? Parce que nous sommes en désaccord avec toi ? Tu oublies le respect que tu dois aux anciens, fit Bildad.

J'éprouvais une profonde tristesse à entendre les insinuations de ses amis, privés de toute sollicitude. Job se défendit :

– Pire ! Vous m'insultez et vous me malmenez sans vergogne. Pendant quelques secondes, prenez ma place. Mes proches et mes familiers ont disparu. Les hôtes de ma maison m'ont oublié. Ma puanteur rebute tout le monde. Ma chair tombe en pourriture. Si vous viviez une telle malédiction, la consolation de mes lèvres allègerait vos douleurs. Si je vois la main de l'ÉTERNEL dans mon malheur, je persiste à vous dire que j'ai bonne conscience. Je voudrais qu'on écrive ma protestation dans le roc pour toujours. Vous ne me proposez que de me repentir comme si vous étiez certains que je cache un terrible méfait.

Au lieu de vous acharner sur moi comme l'ÉTERNEL le fait, craignez pour vous-mêmes, car vous apprendrez qu'il y a un jugement.

Exaspéré, Éliphaz tentait de guider Job vers un autre raisonnement :

– Donc, si je comprends bien El Shaddaï te corrige à cause de ta piété ? Mon ami, médite ses paroles dans ton cœur : la jubilation du méchant est courte. Quand tu le supplieras pour tes fautes, il t'entendra.

Les paroles de ses amis étaient des épées nues. Elles me blessaient tout comme lui. Il se battit encore :

– Vous êtes donc aveugles. Les méchants enlèvent troupeaux et bergers, l'âne des orphelins. On prend en gage le bœuf de la veuve. Les pauvres, dénudés, cherchent du pain pour leurs petits. On arrache l'orphelin à la mamelle. De la ville, on entend gémir les vivants. Et El Shaddaï reste sourd à la prière. Moi, j'ai été sensible à la misère des pauvres, j'ai habillé les miséreux, je leur ai donné du travail. Je n'ai jamais regardé aucune autre femme que la mienne. Je ne me suis jamais réjoui de l'infortune de mon ennemi. Imaginez-vous ceux qu'il bénit, lui répondre : « Retire-toi de nous, nous ne prenons pas plaisir à la connaissance de tes voies » ? Allons, réfléchissez. Jusqu'à mon dernier souffle, je maintiendrai mon innocence. J'ai dit mon dernier mot : à El Shaddaï de me répondre.

Élihou, le plus jeune, qui avait laissé s'exprimer les anciens, s'enflamma contre ses trois autres amis :

– Vous n'avez rien à répliquer à Job. Je vous ai laissé parler, vous les anciens, mais je dois constater que le grand âge ne vous a pas donné la sagesse. Les meilleures intentions peuvent être dictées par des jugements personnels et une méconnaissance des pensées de l'ÉTERNEL. Je suis comme toi Job, devant le Très-Haut, tout petit. L'ÉTERNEL ne juge pas. Il n'est ni cruel ni inquisiteur. En revanche, tu l'as jugé. Comment peux-tu le qualifier d'injuste ? Tu dis que tu es juste. C'est vrai, tu es juste selon l'idée que tu te fais de la justice. Mais sa justice est-elle la tienne ? Tu l'as accusé de ne pas te répondre. Il n'est pas sans réponse. Il se sert des visions, des peines, des songes, de la maladie… afin que l'Homme s'élève. L'épreuve est salutaire. Qui enseigne mieux qu'elle ? De l'épreuve jaillit la connaissance. L'ÉTERNEL ne méprise personne.

Le visage de mon époux s'apaisait. Une œuvre s'opérait en lui. Dans l'amour qui nous unissait, je devinais qu'il regrettait de s'être laissé emporter par l'impatiente. De s'être plaint du Très-Haut dans l'amertume de son âme. De s'être disputé avec ses meilleurs amis. Ses croyances avaient restreint sa vision de la justice et celle de l'ÉTERNEL. Les miennes avaient limité la réponse à ses questions. La prison de nos pensées ouvrait ses grilles à un univers plus vaste. Je vis son regard s'élargir sous ses larmes de joie. Comme les nuages chassés par le vent, ses angoisses disparaissaient. Son visage s'était détendu.

C'est dans cette disposition du cœur, ouvert à l'espérance et fermé à la plainte, que Job me révéla que l'ÉTERNEL lui avait répondu. Mon époux s'était laissé enseigner. Et il avait compris que cela était juste, car le mal n'avait pas été créé par l'ÉTERNEL. Il était dans le devenir, le faire de l'homme.

Quand Job avait prié pour ses amis, le Très-Haut avait rétabli son ancienne situation. Même davantage, car il découvrit en réalité que ses possessions avaient doublé. Tous ceux qui le fréquentaient autrefois partagèrent le pain avec lui dans la maison. Ils s'apitoyèrent sur lui qui avait été frappé dans ses biens, dans ses enfants et dans sa chair. Ils le consolèrent. Chacun lui fit cadeau d'une pièce d'argent et d'un anneau d'or.

Quant à moi, je donnais le jour à sept fils et trois filles. La première, Jemima, « Colombe », pour honorer le parfum de l'innocence et de l'adoration. La seconde, Ketsia « Fleur de cannelle », un parfum inimitable des filles de roi. La troisième, Kéren Happuc « Corne d'antimoine », ombre à paupières, la touche ultime de la beauté. Dans tout le pays, on ne trouvait pas de femmes plus belles que mes filles. Mon époux leur donna une part d'héritage comme à leurs frères. Nous fûmes heureux longtemps.

Suzanne[36]

J'étais l'épouse de Joakim, un homme très riche et respecté. De nombreux Juifs se rendaient chez lui, car il était fort estimé. Vers midi, lorsque tout le monde se retirait, j'aimais me promener dans le jardin.

Cette année-là, deux anciens avaient été désignés comme juges en raison de leur grand âge, signe de sagesse qui sépare le vrai du faux. Je remarquai rapidement leurs regards concupiscents à mon égard et leurs futiles prétextes pour rendre fréquemment visite à mon époux. Je veillais à ne jamais me retrouver seule avec eux.

Cet été, la chaleur était si lourde que je décidai de prendre un bain dans le jardin. Je demandai aux servantes de m'apporter de l'huile, du baume et de fermer la porte derrière elles. À peine étaient-elles parties que les deux vieillards, cachés dans le jardin, accoururent près de moi :

– La porte du jardin est close. Personne ne peut nous voir. Nous te désirons tant, couche avec nous. Si tu refuses, nous dirons qu'un jeune homme était avec toi et que tu as éloigné tes servantes pour cette raison.

Je restai un moment sans voix devant une proposition aussi indécente. Je me sentis traquée. J'avais le choix entre me soumettre à la perversité, à tour de rôle, de chacun des deux

36. Texte non reconnu dans le canon hébraïque.

hommes ou être accusée d'adultère. Voilà l'objet de leur offre immorale. Prise au piège, j'écoutais ce que mon cœur me dictait.

– Si je vous cède, c'est pour moi la mort. Si je vous résiste, je ne vous échapperai pas. Mais je préfère tomber innocente que de me livrer entre vos mains.

Je poussai des cris auxquels s'ajoutaient ceux des deux vieillards. Les serviteurs accoururent aussitôt. Sans aucun embarras, les vieillards racontèrent qu'ils avaient surpris un jeune homme en ma compagnie. L'incrédulité se peignit d'abord sur les visages des serviteurs, aussitôt chassée par une condamnation unanime. S'ils n'avaient jamais douté de ma vertu, le témoignage de ces deux anciens ébranla l'image qu'ils avaient de moi.

Le lendemain, les vieillards en tant que juges et témoins me firent mander. Je vins accompagnée de mes parents, de mes enfants et de tous mes proches. Ils pleuraient. Comme j'étais voilée, les deux juges me firent enlever mon voile comme pour mieux voir l'effet de mon châtiment à moins qu'ils voulussent goûter, une dernière fois, le plaisir défendu de me dévorer des yeux. Les juges s'adressèrent à mon époux et à l'assemblée tout entière :

– Tandis que nous nous promenions seuls dans le jardin, cette femme, Suzanne, y est entrée avec deux servantes. Elles ont fermé les portes avant de la laisser seule. Un jeune homme qui était caché s'est alors approché d'elle. Nous les avons vus couchés ensemble. Témoins de cet adultère, nous nous sommes précipités vers eux. Mais le jeune homme, plus fort et plus rapide que nous, a ouvert la porte et a pris la fuite. Quand nous

nous sommes saisis d'elle, nous lui avons demandé l'identité de l'homme. Elle n'a rien voulu dire. Voilà notre témoignage.

L'assemblée les crut. J'étais affligée par tant de crédulité. Personne ne s'étonnait de la présence de ces deux hommes dans un jardin privé.

Je fus condamnée à mort. Je criais mon innocence. Un enfant l'entendit. Il prit la parole pour me défendre :

– Je me nomme Daniel [37]. Je suis pur du sang de cette femme.

Tout le monde se retourna vers l'enfant. Un enfant n'avait pas le droit de parler, encore moins de témoigner. Je me demandais si la foule allait prendre au sérieux l'opinion d'un enfant, reconnu plus sensible aux émotions qu'à la raison, et de surcroît pour contredire l'accusation des anciens. De plus, la parole d'un enfant n'avait pas de valeur, encore moins face à des sages, ou du moins réputés comme tels. Mais contre toute attente, on lui demanda :

– Que signifient tes paroles ?

– Cela signifie que vous êtes assez fous pour condamner une fille d'Israël sans mener la moindre enquête. Retournez au lieu du jugement, car ces deux personnes ont porté contre elle de fausses accusations.

Touchée par son discernement et son autorité, la foule partit au jardin. Si je ne comprenais pas ce qui permettrait de me disculper en étant sur les lieux, je me sentis soutenue. Un innocent croyait à mon innocence. En chemin, je réfléchis à une preuve

37. « Dieu juge ».

qui pourrait déjouer le mensonge de ces deux vieillards libidineux qui avaient tenté d'abuser de moi. Je n'en trouvai pas.

Sans expérience et sans être établi dans une fonction relevant de la justice, Daniel prit l'ascendant sur les juges :

– Séparez-les l'un de l'autre, et je les interrogerai.

Lorsqu'ils furent séparés, Daniel s'adressa au premier :

– Depuis ta nomination, tu n'as jamais fait preuve de justice. Tu as condamné des innocents et acquitté des coupables. Alors si cet homme existe, montre-moi l'arbre où tu les as vus ensemble.

– Sous un acacia [38], répondit le vieillard sans hésiter.

Puis Daniel fit venir l'autre :

– La beauté de Suzanne t'a égaré et ton désir a perverti ton cœur. Si tu as pu agir ainsi avec les filles d'Israël pour obtenir d'elles ce que tu voulais, voici qu'une fille de Juda a refusé tes viles pratiques. Dis-moi, sous quel arbre tu les as vus ?

– Sous un tremble [39], dit-il avec autorité.

À ces mots, un « oh » collectif s'éleva. L'accusation changea de camp. Leurs témoignages divergents les discréditèrent. D'accusateurs, ils devinrent accusés. Pour leurs faux témoignages, ils furent condamnés à la peine qu'ils réclamaient pour moi. Ils moururent.

Et de ce jour, Daniel fut grand aux yeux du peuple.

---

38. L'arche d'alliance est faite de bois d'acacia, l'acacia est lié à la mémoire des Lois, mémoire de Yahvé qui manque à cet homme.

39. Le tremble est un arbre funéraire et en même temps a une grande mémoire ce qui fait défaut cruellement à cet homme.

Élisabeth, mère de Jean-Baptiste

Mon mari, le prêtre Zacharie, avait été désigné par le sort pour aller offrir et renouveler l'encens sur l'autel des parfums dans le sanctuaire. Il devait donc demeurer au Temple durant une semaine au plus près du Saint des Saints. C'était un immense honneur. Cet encens était à la fois la représentation des prières du peuple au SEIGNEUR et de sa Présence. Je demeurais seule, dans le silence oppressant de la maison.

La jeunesse s'était envolée, mais nos regrets étaient toujours aussi présents. Nous avions longtemps attendu l'arrivée d'un enfant. Nous avions beaucoup prié, offert des sacrifices pour demander à l'ÉTERNEL de se montrer favorable, mais nos demandes n'avaient pas été exaucées. Nous avions accepté notre sort tout en continuant d'espérer. Je songeais souvent à Sara, l'épouse d'Abraham. Pour elle, comme pour moi, ne pas avoir d'enfant était un opprobre. Pourtant, elle avait conçu Isaac conformément à la promesse qui avait déclenché son rire. Et, comme moi, elle était âgée.

La foule attendait Zacharie, mais il ne sortait pas. Chacun s'étonnait de ne pas le voir revenir. Je m'inquiétais pour lui. J'étais parmi la foule. Quand il finit par sortir, la foule prévoyait qu'il formulât une bénédiction selon la Tradition. Or, Zacharie était devenu muet. Avec ses mains, il fit des signes en guise de la bénédiction attendue. Abasourdie, la foule vit dans son mutisme et dans ses gestes, une révélation. Moi, de l'étonnement et de l'inquiétude. Nous regagnâmes notre demeure dans la montagne de Judée.

Si j'établissais un lien entre sa présence au sanctuaire et son impossibilité de parler et d'entendre, je méconnaissais l'origine de son mal. Mon époux était un homme pieux. Il étudiait, suivait la Torah et s'en pénétrait sans que son abnégation ne soit un placement ou un quelconque calcul de sa part. J'étais certaine qu'il n'avait commis aucune faute de rituel lors de son service. Cependant, il s'était inéluctablement passé quelque chose, mais mon mari ne se confia pas à moi par l'écriture.

Lorsque j'appris ma grossesse, je compris la cause du silence soudain de Zacharie. Il savait que l'ÉTERNEL allait exaucer nos prières. Dans le sanctuaire, le Très-Haut avait dû révéler à mon époux la bonne nouvelle. L'avait-il crue ?

Qu'importe ce qui s'était passé. Je fis comme Zacharie. Par pudeur, je me parai de ce même silence. Je laissai l'enfant, ce merveilleux cadeau de l'ÉTERNEL, grandir en moi dans la plus grande discrétion.

Ayant appris ma grossesse par l'archange Gabriel, ma cousine Marie vint me rendre visite. J'étais dans mon sixième mois. Même si je m'étonnais qu'elle fût informée de mon heureux événement par un messager du Très-Haut, je me réjouis de la voir. Rien n'était impossible au SEIGNEUR. J'en étais la preuve vivante. J'aimais beaucoup Marie. Elle, si douce et si discrète, ouvrait son cœur comme les fleurs aux abeilles. Elle donnait sans retenir. Jamais elle ne jugeait quiconque ni telle action. Elle était rafraîchissante comme la pluie après une journée brûlante comme les flammes. Marie, pleine de grâce, dont la beauté extérieure reflétait sa beauté intérieure. Et ce jour, en particulier, elle resplendissait plus que jamais.

Dès que je l'entendis me saluer, je sentis l'enfant tressaillir dans mon ventre. Alors, je compris à mon tour que Marie attendait, elle aussi, un enfant. Plus qu'un enfant. La promesse d'amour faite aux patriarches.

Sans aucune hésitation, je déclarai mon ressenti comme une vérité :

– Tu es bénie entre toutes les femmes et le fruit de tes entrailles est béni ! Quel bonheur que la mère de mon Seigneur vienne jusqu'à moi !

Au lieu de démentir, elle me confirma que le Très-Haut avait œuvré en elle. Elle le loua, elle, son humble servante pour sa fidélité, sa puissance et sa miséricorde. Nous nous réjouîmes ensemble de ses bienfaits.

Marie resta trois mois et s'en retourna.

Puis vint le moment où je mis au monde un fils. Le huitième jour, l'enfant fut circoncis. Les amis et les voisins se réjouirent de mon bonheur et de la disparition de ma disgrâce. Les membres de la famille voulaient appeler l'enfant Zacharie comme son père, conformément à la tradition. Ce prénom ne me paraissait pas juste.

Alors, sans réfléchir, je pris la parole pour donner à l'enfant un prénom inusité dans la famille :

– Non, il s'appellera Jean.

On demanda son avis à Zacharie dont la surdité l'avait empêché d'entendre ce que j'avais dit. Sur la tablette qu'on lui donna, il écrivit : « Son nom est Jean[40] ».

40. Signifie : « Le Seigneur est favorable, Dieu fait grâce ».

Tout le monde fut étonné par cette similitude. À cet étonnement s'en ajouta un second lorsqu'il retrouva la parole :

– Toi, mon petit enfant, on t'appellera prophète du Très-Haut, car tu marcheras devant l'ÉTERNEL pour lui préparer le chemin, pour révéler au peuple d'Israël qu'il est sauvé.

L'effroi saisit les gens du voisinage et dans la montagne de Judée. Après neuf mois de mutisme et de surdité, Zacharie avait non seulement retrouvé tous ses sens, mais il parlait en prophète. Il avait béni le Très-Haut, non pour glorifier l'accomplissement de son désir d'avoir un fils, mais pour proclamer que ce fils annonçait le salut du peuple. Un fils prophète et précurseur de l'ÉTERNEL.

Comme Marie, Zacharie avait reçu la visite du messager de l'ÉTERNEL. Tandis que Marie avait cru, Zacharie avait douté. En considération de mon âge et du silence de l'ÉTERNEL depuis quatre siècles, je ne jugeai pas mon époux pour son doute. Aurais-je été capable d'entendre, comme Marie, la voix de l'ÉTERNEL ? En donnant le prénom Jean, Zacharie s'était laissé imprégner de l'esprit divin. Dans le silence, il avait compris la promesse de l'ÉTERNEL. Désormais, il pouvait témoigner.

La voix c'était Jean qui annoncerait la venue de l'ÉTERNEL, Yeshoua serait la Parole.

L'intériorité de Marie

Me voici, prête pour cet enfant,
Dans le silence de mon cœur qui écoutait.
« Qu'il te soit fait selon ta parole »
Merci pour cette grâce qui m'était donnée
D'accueillir un Dieu si grand qu'il se faisait tout petit.
Me voici, chez ma cousine Élisabeth.
« Et mon âme exulte le SEIGNEUR »
Merci pour la joie de son enfant à naître
Qui dansait comme David en son sein
Heureux de « celui qui vient ».
Me voici, près de l'enfant entre le bœuf et l'âne,
Près de Joseph, des bergers et des mages :
« Nous avons vu son étoile à l'Orient
et nous sommes venus nous prosterner devant lui ».
Merci pour ce jour où le Verbe s'est fait chair.
Me voici, au Temple de Jérusalem près de Siméon,
un vieux sage :
« Cet enfant est destiné à amener la chute et le relèvement
de plusieurs en Israël,
à devenir un signe qui provoquera la contradiction,
et à toi-même une épée te transpercera l'âme,
afin que les pensées de beaucoup de cœurs soient dévoilées. »
Merci, Siméon, de l'avoir attendu pour le reconnaître.

Me voici, inquiète de sa disparition pendant trois jours.
Me voilà, au Temple, dans le soulagement de le retrouver.
« Ne saviez-vous pas qu'il me faut être aux affaires de mon Père ? »
Merci pour ce mystère que je méditais dans mon cœur.
Me voici, aux noces de Cana, quand le vin manqua
« Faites tout ce qu'il vous dira »
Merci pour l'eau transformée en vin,
Source de joie comme le vin en sang.
Me voici, près de la croix, pleurant la souffrance
De celui qui pardonna chacun jusqu'à sa mort
Me voici, réjouie près de lui, dans sa résurrection.
Me voilà, porteuse de la Bonne Nouvelle.
Me voici pour lui et par lui,
Merci pour cette vie où tout devait être.
Merci pour cet amour offert à l'humanité.

Anne, sentinelle de l'avenir

J'avais quatre-vingt-quatre ans et j'étais encore de ce monde. Mais plus dans ce monde. Veuve depuis fort longtemps, je ne m'éloignais pas du Temple, servant Dieu nuit et jour. Les prêtres admettaient ma présence bien que le Temple fût interdit aux femmes. Construit sous Salomon, il avait été incendié et démantelé après la conquête de Nabuchodonosor. L'Arche d'Alliance avait disparu. La construction du second Temple avait commencé peu de temps après le retour d'exil de notre peuple. Sa construction était relativement modeste.

C'était l'usurpateur, Hérode Ier, dit le Grand, qui avait décidé de le raser. Pour s'attirer la faveur du peuple et asseoir son prestige, il l'avait remplacé par un immense édifice. Trois fois sa surface antérieure. Hérode, Iduméen [41], avait été déclaré roi et ami du peuple romain grâce à sa répression du mouvement des Juifs contre les Romains. Le Temple se composait désormais d'une enceinte extérieure de pierre blanche et du sanctuaire. De grands escaliers menaient à l'esplanade. Neuf portes couvertes d'or permettaient d'y accéder. La première cour était la plus vaste, c'était la cour des Goyim ou des Gentils [42]. Au-delà de cette limite, la cour des femmes juives et des enfants de moins de douze ans. Par la porte de Nicanor, plaquée d'or et d'argent,

41. Région limitrophe de la Judée qui s'étend du sud des monts de Judée au nord du Néguev.
42. Des non-Juifs.

seuls les hommes pouvaient accéder au parvis d'Israël pour assister aux sacrifices qui avaient lieu sur un gigantesque autel. Seuls les prêtres pénétraient dans la dernière cour où se trouvait le sanctuaire divisé en trois pièces : un vestibule, le « saint » avec son autel des encens, à droite de l'autel, la *ménorah* [43] et à gauche, la table des pains, douze pour les douze tribus d'Israël et enfin le *débir* [44], espace sacré isolé par un lourd rideau. Il ne contenait plus l'Arche d'Alliance comme autrefois, mais une dalle de pierre du temps des prophètes. Le Grand-prêtre n'y pénétrait qu'une fois l'an, le jour du Kippour [45]. Les lévites assuraient la garde du Temple, veillaient aux portes et composaient les chœurs. Comme les prêtres, je priais jour et nuit dans cette maison de bonheur et de paix. Je jeûnais. À l'écart de mon peuple retombé en servitude, j'attendais la délivrance.

Le jour des grandes fêtes et à chaque sabbat, tout changeait. Ce lieu dédié à la prière devenait une foire animée et bruyante. Des milliers de personnes, pauvres et riches, des caravanes de dromadaires, d'ânes chargés de lourdes marchandises, des troupeaux de bœufs, de moutons, de brebis, les cris des marchands et des porteurs d'eau venaient envahir ce havre de paix. Les pèlerins pouvaient acheter des bêtes de sacrifice, des jarres, des lampes à huile et de quoi se ravitailler près de la plateforme du Temple. Des changeurs proposaient d'échanger la monnaie romaine à l'effigie de César, impure à l'achat de bêtes pour le sacrifice, contre la monnaie du sanctuaire : le sicle.

J'avais vu de nombreuses mères se rendre à Jérusalem puis au Temple. À la fois, pour le rituel de purification après

43. Chandelier à sept branches.
44. Le Saint des Saints.
45. Le jour du Grand Pardon.

l'accouchement et pour consacrer leur premier-né de sexe masculin à Dieu, selon notre coutume du « rachat » liée à la sortie d'Égypte. Mais l'arrivée d'une famille en particulier, au milieu des nombreux pèlerins et des fidèles, attira mon attention bien que ma vue ne fût plus très bonne.

Ce qui suscita mon intérêt ne concernait pas leur apparence vestimentaire. Ils étaient humbles, car ils venaient offrir modestement, comme sacrifice, un couple de tourterelles et deux petites colombes. Cette distraction soudaine qui avait perturbé ma prière relevait d'un je ne sais quoi plus subtil comme le souvenir d'une odeur ou d'un parfum qui a l'art de raviver les émotions oubliées. Mais rien n'émergea de ma mémoire. Manifestement, je ne connaissais pas ces gens.

Avais-je été saisie par la grâce qui émanait de la mère ? Sans doute, car l'amour maternel émeut même les vieux cœurs attiédis comme le mien. Mais, si l'amour fait jaillir de l'eau dans la terre aride, ce n'était pas lui qui avait perturbé mon cœur tourné vers l'ÉTERNEL.

Et voilà que je continuais de me laisser distraire en imaginant maintenant les traits d'Anne, la mère de Samuel le prophète, dans ceux de la mère de l'enfant. Je voyais Anne offrir son fils à Dieu au sanctuaire de Silo comme cette mère s'apprêtait à le faire. Dans ma solitude, mes pensées me jouaient des tours.

Lorsque les parents et l'enfant entrèrent pour accomplir les rites de la Loi, Syméon les interpella. Je vis cet homme juste et pieux bénir les parents. Pas l'enfant. Je connaissais bien Syméon. Cette bénédiction insolite de sa part confirma mon intuition. Ces gens-là n'étaient pas comme les autres. Lorsque mes faibles jambes m'eurent portée jusqu'à eux, j'entendis Syméon dire à la mère :

– Ton cœur sera transpercé par une épée longue et large. Ainsi seront dévoilées les pensées secrètes d'un grand nombre.

Sur l'instant, je ne compris pas son oracle et je ne cherchais pas à le déchiffrer. En effet, lorsque mon regard se posa sur l'enfant, je sus qui il était. En moi, la Loi et l'Esprit avaient fusionné en une révélation. Je compris ce qui m'avait arrachée à la prière. Il était l'attendu. En lui, je vis le salut de Dieu.

Je quittai ma vie contemplative et oubliant le poids des ans, j'annonçai à tous ceux qui attendaient la délivrance de Jérusalem, qu'une ère nouvelle avait commencé.

La Samaritaine

Il était midi. Je venais puiser de l'eau, lorsque je vis un homme assis là, au bord du puits, sous l'ardeur accablante du soleil. Fatigué et visiblement assoiffé. Il était grand, d'allure athlétique, le visage allongé, les cheveux longs tombant sur les épaules avec une raie au milieu. Un Juif.

Il s'adressa à moi pour quémander de l'eau :

– Donne-moi à boire.

J'étais époustouflée qu'un Juif osât parler à une Samaritaine. Qui plus est, pour me demander à boire. Si j'étais venue à l'heure où il fait le plus chaud, c'était pour ne plus subir le mépris des autres femmes. Alors, celui d'un Juif, encore moins ! Les Juifs nous jugeaient possédés du démon. « Un morceau de pain donné par un Samaritain est plus impur que du porc » disait un de leurs dictons. Et, selon la Loi du talion, nous leur rendions bien la monnaie de leur pièce. Si bien que les Juifs préféraient faire le détour par la vallée inhospitalière du Jourdain plutôt que de traverser notre contrée pour se rendre en Galilée.

– Comment ! toi qui es Juif, tu me demandes à boire, à moi, une Samaritaine, lui rétorquais-je vertement.

L'homme ne semblait pas se soucier de l'histoire qui séparait nos deux peuples. Ignorait-il que mes ancêtres avaient construit un temple rival à celui de Jérusalem sur le mont Garizim ? Que leur grand-prêtre de Jérusalem, Jean Hyrcan l'avait fait raser ? Que nous l'avions reconstruit sur cette montagne sacrée ?

– Si tu savais le don de Dieu, si tu connaissais celui qui te dit : « Donne-moi à boire », c'est toi qui lui aurais demandé et il t'aurait donné de l'eau vive, me répondit-il.

Je regardais cet homme qui n'avait rien pour puiser de l'eau et qui me proposait de m'en donner.

– Le puits est profond et tu n'as même pas un seau, avec quoi prendrais-tu l'eau vive ? Serais-tu plus grand que notre père Jacob qui nous a donné ce puits ? » ajoutais-je mi-moqueuse mi-étonnée par sa réponse pour le moins surprenante.

Sa réponse ne se fit pas attendre :

– Quiconque boit de cette eau-ci aura de nouveau soif mais celui qui boira de l'eau que je lui donnerai, n'aura plus jamais soif. L'eau que je lui donnerai, sera en lui une fontaine d'eau jaillissante en vie éternelle, poursuivit-il encore plus mystérieux.

Cet homme n'était visiblement pas comme ceux que j'avais connus. De plus, il s'affranchissait de toutes les conventions. Alors qu'il était Juif, il parlait à une Samaritaine et s'associait aux œuvres de l'ÉTERNEL.

– Donne-moi cette eau que je n'aie plus soif et que je n'aie plus à venir ici pour puiser, répondis-je avec ironie et provocation.

– Va, appelle ton mari, et reviens.

Que me voulait-il ? Si le puits était un lieu de vie pour les bergers et leurs troupeaux, il était aussi un lieu de rencontres : Moïse et sa femme Cippora, le serviteur d'Abraham et Rébecca, l'épouse d'Isaac, Jacob et sa femme Rachel.

– Je n'ai pas de mari.

– Tu as raison de dire que tu n'as pas de mari, car tu en as eu cinq. Et celui que tu as maintenant, n'est pas ton mari : là, tu dis vrai.

Cet homme avait vu ma vie et contrairement aux autres, il ne m'avait pas jugée. Il avait perçu ma recherche de l'amour parfait. Un amour aussi bon que la manne du Ciel dans le désert. Aussi léger que la rosée du matin sur les pétales des fleurs. Aussi précieux que l'or. Aussi vrai que la fidélité du Très-Haut. Aussi durable que le soleil dans le ciel. Aussi chaleureux que le feu. J'avais cherché à apaiser ma soif dans toutes sortes d'eaux. Et je m'étais noyée dans ma quête d'amour. Personne n'avait pu me donner l'amour auquel j'aspirais, et lui, m'invitait à le recevoir comme un don. Un amour inconditionnel qui ferait jaillir en moi une source qui ne tarit pas et qui me désaltère à jamais.

En comprenant ma quête, il me permettait d'accéder à lui :

– Tu es prophète, fis-je avec un profond respect.

Parce que la confiance s'était installée, je repris la conversation pour comprendre ce qu'il fallait faire :

– Alors, explique-moi : nos pères ont adoré Dieu sur la montagne qui est là et vous, les Juifs, vous dites que le lieu où il faut l'adorer est à Jérusalem.

– Crois-moi, l'heure vient où personne n'ira ni sur cette montagne ni à Jérusalem pour adorer le Père. Les vrais adorateurs adoreront le Père en esprit et en vérité.

Ce prophète apportait une vision nouvelle. Pas seulement à moi, mais à tous les exclus et à toutes les nations. La foi n'était pas une question de lieux, mais de vie. La manière de conduire son existence. En vérité, car le cœur ne devait pas être partagé. Devais-je comprendre qu'à la source extérieure allait se substituer bientôt une Source intérieure, la nature même de l'ÉTERNEL ?

– Je sais qu'il vient, le Messie. Celui qu'on appelle Christ. Quand il viendra, c'est lui qui nous fera connaître toutes choses, affirmais-je pour savoir s'il était le Messie.

– Moi, qui te parle, je le suis.

Je restai bouche bée. Il s'était révélé à moi. Si nous ne pouvions aller vers lui, c'est lui qui venait à nous. Je goûtai son eau vive. Alors, mon cœur se remplit du manque qui l'habitait autrefois. Et la manne du ciel, la rosée du matin, l'or, la fidélité du Très-Haut, le soleil et le feu de l'Esprit se logèrent en moi.

Ses amis arrivèrent, les bras chargés de nourriture. En le voyant parler à une Samaritaine « impure depuis le berceau », ils montrèrent une vive réprobation.

Laissant ma cruche, je courus au village. Je racontais à tous ceux que je croisais : « J'ai rencontré celui qui m'a dit tout ce que j'avais fait et pour qui Dieu est Esprit. » Lorsqu'il arriva à Sichem, les autres Samaritains lui proposèrent de rester parmi nous. Il y demeura deux jours. Deux jours suffirent pour que nous puissions affirmer qu'il était le Sauveur. Il se fit Samaritain parmi les Samaritains. À ce puits, les épousailles avaient eu lieu entre le Christ et notre peuple.

Une femme témoin de la guérison d'un paralytique

J'habitais au bord du lac de Galilée et je me rendais à Capharnaüm pour acheter quelques produits pour la cuisine, lorsque je vis des gens massés devant une maison. Mon regard se fixa juste au-dessus du groupe. La surprise arrêta net mon pas pressé. Des hommes étaient sur un toit rudimentaire et fragile. Ils portaient l'un des leurs sur une civière. En écartant les tuiles, ils le descendirent à l'intérieur. La scène était si incroyable que je me frayai un chemin afin de m'approcher le plus près possible de la porte pour comprendre le but de cette opération hasardeuse.

De loin, je distinguais à l'intérieur de la maison des hommes assis autour de quelqu'un d'autre. J'entendis sa voix assurée dire au malade de la civière : « Aie confiance, tes péchés te sont pardonnés ». À ces mots, tout le monde se tut. La réprobation se lisait sur tous les visages, car cet homme venait de blasphémer. Seul l'ÉTERNEL pouvait pardonner les péchés, c'est à dire les transgressions volontaires ou non de la Loi. Le péché ne pouvait être réparé qu'à travers le repentir individuel, le changement dans la manière d'agir et selon les rites du pardon. Certainement pas pardonné par un autre homme !

Celui qui avait parlé comprit la teneur du silence et dit :

– Pourquoi ces mauvaises pensées ? Qu'est-ce qui est le plus facile : de dire tes erreurs te sont pardonnées ou lève-toi et marche ? Eh bien ! pour que vous sachiez que le Fils de l'Homme a sur terre le pouvoir de pardonner les péchés…

Alors, il s'adressa au paralytique :

– Je te l'ordonne, lève-toi, prends ta civière et rentre chez toi.

L'homme se leva. L'incrédulité chassa la réprobation et fut remplacée aussi vite par un mélange étrange de peur et de joie.

Tandis que la foule s'écartait pour laisser passer le miraculé, je reconnus mon oncle à l'intérieur de la maison. Emportée par la curiosité, j'attendis qu'il sorte.

Après les formules de politesse d'usage, je posai la question qui me brûlait les lèvres :

– Connais-tu cet homme ?

– Il se nomme Yeshoua. Il est reçu chez mon ami Simon. Dans les eaux du Jourdain, le Baptiseur l'a désigné comme celui qui vient, répondit mon oncle.

J'avais entendu parler de ce Jean qui baptisait dans les eaux du Jourdain à Béthanie. Il était vêtu d'un vêtement de poils de chameau et d'une ceinture de cuir autour des reins. Il ne mangeait que des sauterelles et du miel.

– Est-ce que cela signifie que Yeshoua est le Messie royal attendu ? demandai-je à l'évocation de « celui qui vient ».

– Je ne sais que penser. Chaque inspiré, qui se dit prophète ou messie, trouve toujours des hommes disposés à reconnaître celui qui doit venir. Mais, Yeshoua a dit qu'il ne venait pas délivrer le peuple de l'occupation romaine. Il ne se déclare pas le roi glorieux, le chef vainqueur qui nous rendrait notre indépendance. Il dit que son royaume n'est pas de ce monde. Cependant, il a employé l'expression « Fils de l'Homme ». Et selon le prophète Daniel, « Fils de l'Homme » est un titre messianique, de gloire et de règne sur toutes les nations grâce à la puissance de Dieu. C'est un homme de bien disent les uns, d'autres pensent que c'est un imposteur.

– Un prophète ? demandais-je en espérant qu'il accepte de poursuivre avec moi cette conversation.

– Certains pensent que c'est le nouveau Moïse. D'autres, qu'il est dans la lignée des anciens prophètes itinérants. Mais je pense que sa force réside surtout dans son talent d'orateur. Il sait s'adresser à tous, les instruits comme les pauvres gens. Il parle en araméen et utilise des paraboles à partir des scènes de la vie quotidienne : les semailles, les moissons, les vendanges, le pasteur des brebis… Et étrangement, il enseigne en son nom propre : « Moi, je vous le dis » sans se référer à Dieu. Comment ose-t-il se désigner lui-même comme la nouvelle référence ? Quelle insolence ! De plus, il donne l'impression que sa relation à Dieu est unique, il l'appelle « Abba[46] », même Moïse n'a jamais prétendu à cette sorte de lien intime.

– En effet, c'est pour le moins dérangeant. Est-ce alors un thérapeute ou un magicien ?

– La foule dit que c'est un faiseur de signes et de prodiges. On ne sait pas où il a appris. Peut-être en Égypte ou chez les Esséniens.

– Est-ce un rabbi ?

---

46. Papa.

– Si c'en est un, ce n'est pas un rabbi comme les autres. Il enseigne avec autorité la doctrine de celui qui l'envoie. Pas au nom du scribe dont il a reçu l'enseignement. Pour lui, la loi de l'amour et de la fraternité prévalent sur le strict respect méthodique de la Loi. Même s'il a affirmé qu'il ne veut pas abolir la Loi ou les Prophètes, il a tout de même déclaré que « le sabbat n'est pas une fin en soi, mais un moyen pour le bien et la liberté de l'homme, qu'il y a plus grand que le Temple. » Avant l'arrivée des hommes par le toit, les pharisiens reprochaient à Yeshoua de ne pas observer les règles de pureté rituelle. Pourtant, je l'ai entendu leur répondre et je t'assure qu'il appuyait sa pensée sur le texte sacré. Étrangement, il s'attaque à la tradition des Anciens et en même temps, il ne la récuse pas. Comme une étoffe usée, il voudrait la rapiécer. Quel sacrilège ! Il s'est d'ailleurs fait des ennemis parmi certains pharisiens en leur reprochant d'être des vaniteux et des hypocrites, de ne pas agir en conformité avec leur enseignement de mansuétude et de toiser de haut les ignorants. Mais il s'entend avec eux sur la résurrection des morts et la providence divine.

– Mais alors qui est-il donc ?

– J'avoue être troublé par cet homme atypique, mais je ne vois pas ce qu'un hérétique pourrait apporter à notre peuple.

– Nous nous quittâmes. Mais mon esprit restait accroché à Yeshoua. Je ne l'avais vu que de loin, mais j'avais besoin de comprendre la scène dont je venais d'être témoin. Cette nécessité exigeait-elle d'identifier pour autant cet homme ? Non, pourtant il m'était apparu impossible de ne pas chercher à savoir qui il était vraiment. Le paralytique avait simplement cru en lui, malgré tous les obstacles rencontrés pour l'atteindre. Sa foi en la Parole d'un inconnu avait ouvert son cœur et guéri son corps. Et la question ressurgit à nouveau comme un mal dont on ignore la cause : qui était celui qui se disait Fils de l'homme ? Quel était le vrai sens de cette guérison ? Au-delà du visible se trouvait la réponse. Je le devinais sans pouvoir l'expliquer. Fallait-il reconnaître le Très-Haut en lui ? Il n'avait pas revendiqué la guérison pour nourrir sa réputation. Il s'était intéressé à l'homme sur la civière avec humilité, n'accusant ni ses porteurs d'avoir endommagé le toit, ni d'avoir interrompu une discussion importante avec les docteurs de la Loi. Quel message nouveau venait-il apporter ? Mon oncle avait évoqué la Loi de l'amour et de la fraternité. Était-ce l'amour qui faisait des miracles, qui pardonnait les péchés, qui transformait l'homme ?

La veuve de Naïn

Mon fils venait de mourir quelques heures auparavant. Tout le cortège suivait sa dépouille roulée dans un linge et portée sur une civière jusqu'aux portes de la ville. J'avais déjà perdu mon époux et voilà que la vie me dépossédait maintenant de mon fils unique. Je marchais en tête. À chaque pas, la sensation que le sol se dérobait sous mes pieds. Tout nécessitait un tel effort que je pensais ne plus pouvoir avancer. Non seulement sur ce chemin qui menait à sa tombe, mais aussi sur celui de la vie. Avec sa mort, j'étais dépossédée de tout. D'un fils, d'une postérité, de toutes ressources.

Tandis que les pleureuses criaient ma souffrance, des larmes coulaient sur mes joues. J'accompagnais le dernier voyage sur terre de mon fils tant aimé. Moi qui lui tenais la main pour ses premiers pas, lui qui prenait la mienne depuis la mort de son père, nous étions désormais séparés. Il était l'homme qui ramenait de quoi vivre au foyer. Cette mort tellement contraire à l'ordre des choses me broyait le cœur. Personne d'autre ne pouvait porter le lourd fardeau dont m'avait chargée la vie. Du moins, je le croyais.

Un groupe croisa le nôtre pour se rendre à Naïn. Les visages heureux de ces hommes et de ces femmes faisaient face aux visages affligés de ceux à qui la vie venait de rappeler sa dure réalité. Un inconnu se détacha du groupe. Il s'approcha de moi. D'une voix douce, il me dit : « Ne pleure pas ». Je crus entendre une parole de consolation comme celle de mes voisins, un peu plus tôt. Mais ses mots tendrement prononcés m'émurent. Je ressentis son immense compassion, identique à celle d'une mère qui avait perdu son enfant. Puis, je le vis s'avancer et toucher la civière. Les porteurs s'arrêtèrent.

L'homme se pencha vers mon fils :

– Jeune homme, je te l'ordonne, lève-toi.

Je ne comprenais pas ce que faisait cet homme. Il s'était rendu impur en touchant la civière. Et maintenant, il voulait que mon fils se lève. Il avait sans doute perdu l'esprit à cause d'un grand malheur. Mon fils n'était pas endormi. Il pouvait bien lui ordonner de se lever, mais si l'homme allait de la vie vers la mort, il lui était impossible de faire le chemin inverse. Les morts ne revenaient pas dans le monde des vivants.

Et tandis que je pensais ainsi, mon fils se redressa, s'assit et se mit à parler. La stupeur frappa chacun d'entre nous. Nous étions hébétés. Nous n'arrivions pas à assimiler ce que nous venions de voir. Quand mon fils vint dans mes bras, je sus que je ne rêvais pas. La foule sortit alors de sa léthargie. La joie éclata dans les deux groupes. Dans celui qui était sorti abattu par la mort et dans celui qui était en train d'entrer plein de vie. Autour d'un seul homme. Un prophète. Plus grand qu'Élie et qu'Élisée. Un prophète était venu à nous. D'un geste sur la civière, il avait montré du doigt une autre réalité. Par une simple parole de réconfort, il apportait l'espérance. Puis par celle délivrée au mort, il lui avait redonné la vie. Mon fils avait entendu la Parole qui relève. Comment pouvais-je remercier d'un tel don celui qui avait perçu ma souffrance, moi qui n'avais aucun mérite, qui n'avais rien demandé et de surcroît qui n'avais pas cru en sa parole ?

L'invitée chez Simon le pharisien

J'appris que Yeshoua était invité dans la maison de Simon, le pharisien. On disait que les pharisiens cherchaient à dialoguer avec lui pour comprendre l'autorité qu'il s'était autoattribuée. Plus il parlait, plus chacun discutait sa manière audacieuse de penser, en particulier lorsqu'il disait que si les rites n'étaient pas inutiles, ils n'étaient pas l'essentiel.

J'avais entendu parler de sa connaissance du cœur humain et de sa bonté envers ceux qui souffraient.

Je lui apportais un vase précieux de parfum. Mon attitude susciterait certainement la réprobation parmi les autres invités. Mais je voulais l'accueillir. Le célébrer. Même si je n'en étais pas digne. Même si le prix du parfum était élevé. Rien n'était assez beau ou démesuré par rapport au parfum de vie qu'il nous apportait.

Quand je le vis, je fondis en larmes. Et mes larmes mouillèrent ses pieds. Des larmes à la fois de repentir et de joie. Je mesurais l'abîme entre son amour et la dureté de mon cœur.

Tandis que je me prosternais avec humilité, mes longs cheveux effacèrent mes larmes. Je couvris de baisers ses pieds. Puis, je versai le parfum sur les pieds de celui qui s'était incarné sur notre terre. Parce qu'il la foulait au milieu des puanteurs de la mort, de la maladie et du péché. La maison de Simon s'emplit des effluves d'amour comme la chambre nuptiale pour honorer l'époux. Après son départ, elles resteraient imprégnées dans la pièce, rappelant sa Présence.

Dans cet instant, le passé, le présent et le futur ne faisaient qu'un. Je me relevai lorsque Yeshoua prit la parole et s'adressa aux pharisiens :

– Un créancier avait deux débiteurs. Le premier lui devait cinq cents pièces d'argent, l'autre cinquante. Comme ni l'un ni l'autre ne pouvaient rembourser, il remit leur dette à tous les deux. Lequel des deux l'aimera davantage ?

– C'est celui à qui il a remis davantage, il me semble, répondit Simon.

– Tu as raison. Je suis entré chez toi et tu ne m'as pas versé d'eau sur les pieds ; or, elle les a mouillés de ses pleurs. Tu ne m'as pas embrassé ; or, elle a embrassé mes pieds. Tu ne m'as pas versé de parfum sur la tête ; or, elle a versé un précieux parfum sur mes pieds. Si ces nombreux péchés lui sont pardonnés, c'est à cause de son grand amour.

Puis, Yeshoua posa son regard plein de tendresse sur moi :

– Va en paix.

J'entendis les invités s'offusquer d'entendre Yeshoua me pardonner mes péchés. Nul pourtant ne pouvait se méprendre sur son enseignement. Qui était le plus proche du cœur de Dieu, celui qui se reconnaissait pêcheur ou celui qui était fier de suivre la Loi ? Ces gens n'avaient rien à se reprocher. Toutefois, leurs cœurs pleins de suffisance pouvaient-ils accueillir le message de Yeshoua ?

Il m'a guérie de mon hémorragie et redonné vie à la fille de Jaïros

J'aurais aimé crier ma souffrance, mais je n'avais même pas le droit d'évoquer ma maladie signe de mon impureté. Alors dans le silence qui m'entourait, dans les regards qui m'évitaient, je maudissais le sang de mon corps. Depuis douze ans, mon corps saignait chaque jour. Quiconque me touchait ou touchait un meuble où je m'étais assise ou allongée devenait impur jusqu'au soir, devait nettoyer ses vêtements et se laver. Enfin, tout ce que je touchais était impur. Comme il était interdit d'entrer dans le Temple en période d'impureté, je ne pouvais plus m'y rendre.

À l'âge où tout était permis de rêver, je fus exclue du monde. Le temps passa sans m'accorder la moindre amitié, l'amour d'un fiancé, l'allégresse de la maternité, la douceur d'un foyer. Le sang, source de vie, avait pris mon avenir. Isolée dans un désert parsemé d'humiliations, je vivais demain comme aujourd'hui, dans la réclusion. Une promesse sans cesse renouvelée d'une mort à petit feu. Abandonnée par tous, exclue de la vie sociale, je n'étais ni respectée ni protégée. Dans la nuit sans étoiles, dans le jour sans lumière, la souffrance avait fait son nid dans mon corps et dans mon cœur.

J'avais consulté de nombreux médecins. Aucun n'avait pu me guérir.

Quel était ce mal étrange qui s'écoulait de ma chair comme un cours d'eau que rien n'arrêtait ? Dieu s'était-il retiré de moi comme de Jérusalem, autrefois souillée par son inconduite, pour devenir une femme en menstrues ? Quelle était l'origine du mal qui m'affectait ? Quelle faute avais-je commise pour que demeure entre mes jambes une tache ineffaçable ? Mes yeux tournés vers le Ciel attendaient depuis si longtemps une réponse du Très-Haut. Mon cœur chantait ses louanges. Et parfois dans la souffrance qui m'oppressait, j'implorais sa grâce, je le conjurais de me pardonner de le croire sourd à mes prières.

Lorsque j'appris le retour du rabbi de Nazareth, j'osai braver l'interdit. Je me mêlai à la foule venue l'attendre sur le rivage. Il venait prêcher la Bonne Nouvelle. On disait de lui qu'il faisait des miracles. Malheureusement, je ne pouvais pas crier le mal qui me frappait, car tous s'éloigneraient de moi. Ils condamneraient ma venue parmi eux, car je les rendrai tous impurs. La voix de mon cœur me souffla que si je touchais son vêtement, je serais guérie. Je n'avais pas besoin de le supplier. Celle de la tradition me disait que j'allais transgresser la Loi. Pourtant, la Loi était justice.

Le chef de la synagogue de Capharnaüm, Jaïros, me devança devant Jésus. En pleurs, il se jeta à ses pieds. Qu'importe son rang, le jugement des autres pour ses larmes et sa prosternation, sa fille unique de douze ans était en train de mourir. Il supplia Jésus de se rendre chez lui afin de la sauver. L'amour pour sa fille et sa foi en Jésus m'émurent profondément. Il n'y avait pas de pire malheur que celui de perdre son enfant. Douze ans de non-vie pour moi, douze ans de vie pour la jeune fille. Fallait-il voir un signe de Dieu bienveillant dans cette coïncidence ? Et je vis Jésus, plein de compassion, suivre Jaïros tandis que la foule le serrait à l'étouffer. Chacun cherchait à l'approcher tandis que ses compagnons le protégeaient tant bien que mal. Ballotée de part et d'autre, emportée par la foule, je suivais le mouvement comme une barque le flux du courant.

L'appel de mon cœur me poussait vers lui et au hasard des mouvements de la foule, l'occasion me fut donnée d'effleurer ses vêtements. Mais s'agissait-il vraiment d'un hasard ? Je ne réfléchissais plus à la loi des hommes, mais à celle de mon cœur. Lorsque j'entendis Jésus demander qui avait touché la frange de son manteau, j'eus soudain honte de mon audace. J'entendis l'un de ses proches l'assurer que personne ne l'avait touché. Simplement la bousculade de la foule. Il démentit aussitôt ces propos. Il savait, mais pour quelle raison cherchait-il à m'identifier ? Son regard parcourut la foule et se posa sur moi. J'étais terrorisée.

Je me jetai à ses pieds, implorant son pardon. Comment avais-je osé toucher celui qu'on appelait le Messie et le rendre ainsi impur ? Mourir à moi-même et renaître en lui. Tel était mon vœu. Je me présentai à lui devant tous les gens. Et je rompis le silence dans lequel j'étais murée depuis si longtemps. Si j'entendis les cris indignés de la foule en écoutant mon récit de menstrues, ils furent aussitôt effacés par la douce voix de Jésus qui me demanda comment je me sentais. Sa question posée, je compris à l'instant même que j'étais guérie.

Jésus touché physiquement par moi l'avait été aussi dans son cœur. Lui, le si pur s'était laissé imprégner par ma souillure pour m'en libérer. Il avait montré mon audace à la foule non pas pour me condamner aux yeux de tous, mais pour m'inviter à me raconter. Il avait permis de rendre public notre tabou du sang qui m'avait volé le droit d'exister. Désormais, et durablement, je savais que je pouvais retourner vivre avec les autres.

– « Ma fille, ta foi t'a sauvée ; va en paix », me dit-il d'un ton affectueux et paternel avant d'être interrompu par un serviteur de Jaïros qui lui annonça la mort de sa fille.

Avec la même infinie douceur, il répondit à Jaïros de ne pas avoir peur de cette mauvaise nouvelle, de continuer de croire que sa fille serait sauvée. Parce que sa Parole est vérité, je souriais en voyant le bonheur revenir dans la maison de Jaïros. Je sus que Jésus était la Vie.

Salomé

À la mort d'Hérode le Grand, son royaume avait été divisé entre ses trois fils. Hérode d'Antipas, mon beau-père, avait reçu le titre de Tétrarque avec le gouvernement de la Galilée et de la Pérée.

Comme aimait le faire jadis son père, Hérode d'Antipas donna un festin à ses dignitaires, aux chefs de l'armée et aux notables de Galilée en l'honneur de son anniversaire. Après avoir répudié sa femme, une fille du roi nabatéen Arétas IV, il avait épousé ma mère Hérodiade, la femme de son demi-frère Philippe. Ma mère avait quitté son époux de son vivant. De plus, elle était aussi la nièce d'Hérode Antipas puisqu'elle était la fille de son autre frère Hérode Archélaos, ce qui avait fait grand scandale. Les Juifs parlaient d'un double adultère.

Mais en ce jour de fête, tout était oublié. Enfin, je le croyais. Les esclaves servaient des mets délicieux aux convives allongés sur les divans. Des danseuses exécutaient des danses lascives au son des lyres et des luths. Le vin allumait les yeux d'une lumière rieuse.

J'avais demandé à ma mère l'autorisation de danser pour fêter les cinquante ans de mon beau-père. Elle avait consenti une danse. Je m'étais parée de jolis voiles et maquillée de manière à être crédible en tant que danseuse. Lorsque ce fut mon tour, je mis tout mon cœur à faire oublier mon jeune âge et mon inexpérience.

Progressivement, mon corps s'abandonna à la musique envoutante. Oublié l'art de reproduire les figures et les pas que j'avais imaginés. Oubliés les regards qui m'intimidaient. Je laissais advenir. Mes mouvements exprimaient les émotions que je ressentais en me laissant posséder par le rythme ensorcelant. Dans la joie, je tourbillonnais sur moi-même. Et cela me grisait comme le vin qui fait tourner la tête. J'éprouvais un plaisir intense et jusque-là inconnu à me laisser porter par les notes entrelacées. Je voyageais. Libre comme l'oiseau dans le ciel. Légère comme la brise. Je ne produisais plus de mouvements. J'étais le mouvement. Un à un, mes voiles s'envolaient comme si je m'évaporais. Je me dépouillais de la chrysalide de mon corps.

La musique cessa. Et je revins sur terre. Face aux invités. Face à Hérode.

– Demande-moi tout ce que tu veux et je te le donnerai, fit-il d'un ton enthousiaste.

J'étais contente de ne pas l'avoir déçu. Il avait apprécié mon cadeau d'anniversaire. Mais je n'avais rien à demander, car c'était inconvenant d'exiger un cadeau en retour d'un cadeau.

Comme je ne répondais pas, il prêta alors serment devant tous :

– Tout ce que tu me demanderas, je te le donnerai même si c'est la moitié du royaume.

Gênée, je quittai les lieux pour demander conseil à ma mère :

– Qu'est-ce que je vais demander ?

Sans hésiter, elle me répondit :

– La tête de Jean le baptiste.

J'avais entendu ce nom. Hérode avait fait arrêter et emprisonner cet homme pour avoir critiqué son mariage avec ma mère. Au palais, on disait qu'il annonçait l'arrivée d'un Messie plus grand que lui. La rumeur d'un soulèvement général contre l'occupant courait.

Depuis que Jean le baptiste avait déclaré : « Il ne t'est pas permis de garder la femme de ton frère », ma mère le haïssait profondément. Elle voulait un châtiment exemplaire. En demandant la tête de cet agitateur, je me soumettais à ma mère pour lui faire plaisir. Cette mort laverait son honneur.

Pour ne pas se parjurer, Hérode s'exécuta. En lui coupant la tête, il prévenait aussi le mal que Jean le baptiste pourrait causer à son règne.

La païenne obstinée

J'appris que le Nazaréen se dirigeait vers la région de Tyr et de Sidon. Ses guérisons miraculeuses étaient parvenues jusqu'à moi. Ma fille avait besoin de ses soins. Elle souffrait de troubles mentaux. Nous partîmes à sa rencontre. L'amour pour ma fille effaçait les frontières, les lois, les règles qui imposaient aux femmes de ne pas adresser la parole en public à des hommes étrangers.

L'angoisse de voir ma fille dans cet état perdu me donna l'audace de m'adresser à lui :

– Aie pitié de moi, fils de David. Ma fille a l'esprit possédé.

Mais il ne me répondit pas. Ses amis s'approchèrent de lui et l'apostrophèrent :

– Donne-lui satisfaction ou renvoie-la, car elle crie derrière nous, firent-ils, agacés par mon insistance.

Je savais que les Juifs nous considéraient comme des païens impurs, mais j'avais confiance en lui. Nous étions différents et je respectais cette différence. Sa réponse me surprit, car on disait que sa compassion était grande :

– Je n'ai été envoyé qu'aux brebis perdues d'Israël, dit-il avec indifférence.

Si cela me paraissait normal que mon peuple ne fasse pas partie de sa mission, je ne baissais pas les bras pour autant. En premier lieu, je connaissais l'histoire de nos deux peuples ennemis. En deuxième lieu, je savais aussi que mon ancêtre Rahab avait été sauvée par les Juifs après avoir permis à deux de leurs espions de s'échapper de Jéricho. Si bien que je refusai d'essuyer un refus de cette manière. Qu'importe que je fusse méprisée par ceux qui l'entouraient, je souhaitais qu'il entende ma détresse pour intervenir auprès de ma fille. Pour elle, je persévérai. Je me prosternai devant lui.

Je le suppliais :

– Seigneur, viens à mon secours.

– Il n'est pas bien de prendre le pain des enfants pour le donner aux petits chiens, répondit-il.

Sa parole bien que déroutante ne me choqua pas. Pour les Juifs, les païens n'étaient que des chiens, car le salut venait de la seule descendance d'Abraham, d'Isaac et de Jacob. Me mettait-il à l'épreuve ou était-il venu sauver exclusivement son peuple ? Dans sa bouche, nous étions des petits chiens. Cette formulation plus amicale me donna de l'espoir.

– C'est vrai, Seigneur, mais justement, les chiens mangent les miettes qui tombent de la table de leurs maîtres, ajoutais-je avec humilité.

– Femme, grande est ta foi, que tout se fasse pour toi comme tu le veux.

Ce maître avait perçu tout l'espoir que je plaçais en lui en acceptant les miettes du pain destiné aux Juifs. Et ma fille fut aussitôt guérie. Sur le chemin du retour, je mémorisais notre rencontre. Plus je réfléchissais, plus je pensais qu'il n'avait pas cherché à m'éprouver, mais qu'il avait changé d'avis. Il avait vu des brebis perdues au-delà de son territoire. En dépassant les frontières, Yeshoua avait pris conscience que sa venue ne concernait pas qu'un seul peuple. J'en avais maintenant l'intime conviction. En accordant la guérison à ma fille, il avait donné son salut à tous les païens. Chacun pourrait désormais entendre sa bonne nouvelle. Elle ne s'adressait plus seulement aux Juifs, mais à tous. Purs comme impurs.

La femme adultère

Les scribes et les pharisiens me poussèrent avec mépris jusqu'au Temple. La faute méritait la sanction capitale. Cependant, j'étais étonnée de me rendre au Temple alors que j'aurais dû être lynchée sur les lieux où je m'étais fait prendre. « Tu ne commettras point l'adultère », disait la Loi. L'adultère était puni de mort, d'une part, parce qu'il mettait en péril la descendance de l'époux et, d'autre part, parce qu'il était assimilé à un adultère envers l'ÉTERNEL, une rupture d'alliance.

Mais, cette loi se taisait sur le sort des femmes négligées par leur mari, traitées moins bien qu'une esclave ou encore violentées. Elle autorisait l'homme à répudier sa femme, mais pas l'inverse. Elle soutenait le pouvoir des hommes, père, frères et époux, sur le corps et la vie des femmes. S'il est vrai que j'encourais la mort pour avoir connu les bras d'un homme qui n'était pas le mien, mais disait vouloir m'aimer et me protéger, je la préférais à ma vie sans affection et sans considération.

Arrivés au Temple, ils me jetèrent comme un sac de blé aux pieds d'un prédicateur qui enseignait devant la foule. Mes accusateurs s'adressèrent à lui :

– Maître, cette femme a été prise en flagrant délit d'adultère. Or, la Loi de Moïse ordonne de lapider ces femmes-là. Et toi, qu'en dis-tu ?

L'homme, appelé Maître, se baissa. De son doigt, il traça des traits sur la poussière du sol. J'étais déconcertée d'entendre des érudits de la Loi demander un avis à quelqu'un qui n'appartenait pas à leur groupe. Qui était ce prédicateur ? Seul le sanhédrin pouvait interpréter la Loi et trancher. Vraisemblablement, ces scribes et ces pharisiens cherchaient à mettre cet homme en difficulté. La foule qui l'entourait pour l'écouter devait avoir attisé leur jalousie. Je représentais, pour eux, une bonne occasion de le mettre à l'épreuve. Ils ne se souciaient ni de connaître mon histoire ni de juger l'homme qui m'avait séduite. À travers moi, c'est lui qu'ils cherchaient à condamner ce qui expliquait ma présence au Temple.

Le prédicateur resta silencieux. Il refusait de débattre sans prendre le temps de la réflexion. Il envisageait certainement les conséquences de sa réponse. À mon procès dans lequel je n'avais pas la parole, s'ajouterait le sien s'il s'opposait à leurs dires.

Comme les scribes et les pharisiens s'impatientaient, il se redressa et leur dit :

– Celui d'entre vous qui est sans péché qu'il soit le premier à lui jeter la pierre.

Et il reprit sa posture initiale. Il était de nouveau à ma hauteur. De son doigt, il se remit à tracer des traits. Sans relever les yeux, afin de ne provoquer personne, je les entendis les uns après les autres quitter les lieux.

Le prédicateur se redressa et m'adressa la parole :

– Femme, où sont-ils donc ? Alors, personne ne t'a condamnée ?

Je me relevais et je lui répondis avec gratitude :

– Personne.
– Moi non plus je ne te condamne pas.

Son regard me redonna mon humanité. Il ne m'avait pas jugée même s'il me savait fautive. Ceux qui avaient voulu le piéger s'en étaient allés, conscients tout à coup de leurs propres corruptions. Leurs masques étaient tombés. Leur haine et leur intransigeance étaient apparues au grand jour. En me condamnant avec animosité, ils avaient pris conscience qu'à leur tour, ils transgressaient la Loi. Cet homme était habile. Et plus encore. Il avait montré combien au nom de la justice, les docteurs de la Loi rigoristes pouvaient être intolérants, méprisants et immoraux dans leur conduite.

– Reprends ta vie en main, ajouta-t-il avec tendresse.

Encore sous le choc, je ne trouvai aucun mot pour le remercier de m'avoir évité une mort cruelle, tandis que celui qui disait m'aimer était parti en courant, m'abandonnant à mon triste sort. La compassion de l'homme du Temple m'avait ouvert un chemin vers Dieu. Un Dieu miséricordieux qui sauve et qui relève le monde.

L'hospitalité de Marthe

Lorsque je vis arriver Yeshoua, je me dépêchai de me mettre au travail pour bien l'accueillir. J'aimais sa présence. Il appréciait de faire une halte dans notre demeure sur le chemin qui menait à Jérusalem. J'avais plaisir à le recevoir. Lui et ses disciples.

Le repas était pour moi un moment de réjouissances. Les échanges avec Yeshoua étaient riches. Souvent, il nous déconcertait et nous dérangeait dans nos certitudes. Ses paroles touchaient mon cœur. S'il parlait d'amour, il nous en donnait beaucoup. Sa sagesse était une source de réconfort.

En tant que maîtresse de maison, je voulais que tout soit parfait. Hâtivement, je donnai des ordres aux servantes. Je fis cuire des galettes de pain. Nous préparâmes le poisson pour le faire griller. Nous confectionnâmes des gâteaux de fruits et de miel. Je m'affairais. L'agitation régnait en cuisine.

J'étais débordée tandis que ma sœur Marie restait tranquillement assise aux pieds de Yeshoua à l'écouter. « Elle pourrait au moins m'aider dans le service ! » pensais-je agacée. Je lui fis discrètement comprendre, mais elle ne bougea pas pour autant. Je cherchai alors du soutien auprès de Yeshoua.

– Seigneur, cela ne te fait rien ? Ma sœur me laisse seule à faire le service. Dis-lui donc de m'aider.

– Marthe, Marthe. Tu t'inquiètes et tu t'agites pour bien des choses. Une seule chose est nécessaire. Marie a choisi la meilleure part : elle ne lui sera pas enlevée.

Sur le coup, je fus vexée. J'avais déployé beaucoup d'énergie pour bien le recevoir. D'ailleurs, la joie de Yeshoua n'était pas feinte. Il se réjouissait de venir dans notre maison, dans laquelle il était bien reçu. Tandis que Marie s'était contentée d'écouter Yeshoua, elle avait choisi la meilleure part. Celle qui ne faisait rien devait-elle être louée ? Cela me déconcertait complètement.

Parce que je savais que les paroles de Yeshoua avaient valeur d'enseignement, je les méditais. J'étais certaine que, non seulement il n'avait pas voulu m'offenser, mais qu'il m'invitait à réfléchir. Entendait-il par « meilleure part » le fait que le disciple se devait d'être contemplatif plutôt qu'actif ? Non, car il se mettait lui-même au service des autres. Il ne se contentait pas de contempler la maladie, la souffrance humaine, le manque, il agissait en paroles et en actions pour les combattre. À ses yeux, celui qui servait était aussi grand que celui qui était à table.

Insinuait-il que le travail contemplatif était supérieur aux tâches ménagères ? Non, car le travail était une noble tâche. L'ÉTERNEL avait dit : « Six jours par semaine, vous ferez tout votre travail. »

Progressivement, je pris conscience que j'avais cherché à imposer mes valeurs à ma sœur. Notre lien familial, notre amour pour Yeshoua ne devait pas gommer nos différences. Elle avait le droit d'être elle-même. Elle s'était octroyé une liberté que je ne m'étais pas autorisée. Parce ce que je n'avais pas réussi à demander directement de l'aide à ma sœur, j'avais sollicité Yeshoua pour qu'il formulât un reproche à Marie. Je lui avais attribué un rôle qui n'était pas le sien.

Enfin, il avait eu raison de me montrer mon inquiétude et mon agitation. Cela m'empêchait de profiter pleinement de sa présence et d'accueillir du nouveau dans ma vie. Je n'existais qu'à travers mon rôle. En voulant être une parfaite maîtresse de maison, j'espérais donner l'image d'une femme accomplie. Yeshoua ouvrait une autre voie aux femmes. Il considérait la femme comme l'égale de l'homme. Loin d'écarter les femmes sur son chemin, il leur faisait une place toute particulière. Elles avaient le droit de participer à son enseignement.

Comme Marie, la femme pouvait être disciple et ne pas rester cantonnée au service de la table. Yeshoua venait de rendre la femme libre. Désormais, cette liberté ne devait pas lui être enlevée.

Marie de Béthanie

J'aimais beaucoup ma sœur Marthe. Maîtresse de maison accomplie, généreuse, serviable, charitable, elle avait aussi du caractère. Elle dirigeait avec autorité la maison dans laquelle nous habitions tous les trois, avec mon frère Lazare. Dès qu'elle aperçut Yeshoua et ses disciples, elle appela les servantes pour apporter de l'eau. Elle donnait des ordres, recensait nos réserves en nourriture et composait à voix haute le repas. En un tournemain de maître, elle avait déjà tout organisé. J'entendais les bruits en cuisine qui me confortaient dans mon idée.

Quant à moi, j'étais si heureuse de la présence de Yeshoua parmi nous, que je m'installais près de lui à la manière de ses disciples pour écouter son enseignement. J'osais m'installer parmi les hommes et il ne m'avait jamais fait la moindre remarque à ce sujet. Il considérait que, femme ou homme, chacun pouvait entendre la Bonne Nouvelle. Il venait accomplir les œuvres de son Père. Il comparait notre peuple à un troupeau de brebis sans berger. Il était ce berger, mais beaucoup ne voulaient pas voir.

Marthe faisait le service lorsqu'elle interpella Yeshoua :

– Seigneur, cela ne te fait rien ? Ma sœur me laisse seule à faire le service. Dis-lui donc de m'aider.

Je me sentis humiliée qu'elle demandât à notre invité de me dire ce que j'avais à faire. S'il est vrai, qu'absorbée par les paroles de Yeshoua, je n'avais pas vu qu'elle avait commencé de servir, elle aurait dû s'adresser directement à moi. Si je reconnaissais mes torts, je ne voulais pas être traitée de cette manière. Voulait-elle l'obliger à me donner une leçon de morale ? J'arrêtai de m'agacer intérieurement, lorsqu'il lui signifia qu'elle s'inquiétait et s'agitait pour bien des choses. Il ajouta que j'avais la meilleure part.

Marthe avait une grande confiance dans la vie. Certes, elle s'agitait, mais c'était son tempérament. Elle prenait toujours le taureau par les cornes, sans compter sa peine. Il n'y avait pas de reproches dans la parole de Yeshoua. Bien au contraire, je sentis toute sa complicité avec ma sœur. Certes, elle n'avait pas les mêmes priorités que moi, mais son cœur était un puits profond où chacun pouvait s'abreuver. Elle était toujours là pour tous. Et notre différence ne nous avait jamais séparées. L'inquiétude de Marthe concernait-elle Yeshoua ? Voulait-il dire que l'inquiétude pour le repas était peu de choses par rapport à ce qui allait advenir ?

Alors que j'aurai dû me réjouir d'avoir la meilleure part, je ressentais de l'angoisse.

La servante du Grand-prêtre

Dans la nuit, des soldats romains et des gardes Juifs se rendirent chez mon maître Hanne, jadis grand-prêtre. Mon maître jouissait encore d'une grande influence. Son gendre Caïphe, qui l'avait remplacé dans ses fonctions, venait souvent lui demander conseil.

Ces hommes encadraient Yeshoua, ligoté. Je l'avais reconnu immédiatement, car je n'étais guère étonnée de sa présence ici. Depuis quelque temps, les conversations s'orientaient souvent vers lui. Elles avaient pris une tonalité dangereuse pour lui. J'avais surpris récemment cette phrase : « Il donne beaucoup de signes et si personne n'agit, tout le monde va croire en lui. Les Romains vont réagir et détruire le Temple et la nation. »

Deux hommes suivaient Yeshoua. Comme l'un des deux était connu de mon maître, il entra avec lui dans la cour. Comme je gardais la porte, il me demanda de faire entrer son ami. Lorsque je m'approchai, je reconnus Simon-Pierre :

– N'es-tu pas, toi aussi, un des disciples de cet homme-là ? lui demandais-je.

– Non, je n'en suis pas ! me répondit-il.

Je n'en croyais pas mes oreilles. Comment un proche de Yeshoua, son ami, pouvait-il nier le connaître ? Craignait-il d'être interrogé à son tour ?

Dissimulée, j'écoutais mon maître questionner Yeshoua. Ce dernier affirmait que son enseignement était ouvert à tous. Ni secret ni caché. Il avait enseigné à la synagogue et au Temple.

– Interroge ceux qui m'ont entendu, répondit Yeshoua.

Une gifle claqua.

– C'est ainsi que tu réponds au Grand-prêtre, avait dit un garde.

– Si j'ai mal parlé, dis-moi en quoi j'ai mal parlé ; mais si j'ai bien parlé, pourquoi me frappes-tu ? demanda Yeshoua d'une voix calme.

Je partis, sachant que mon maître n'avait aucun motif d'accusation précis. Il faisait froid. Les hommes avaient allumé un feu dans la cour. Simon-Pierre se réchauffait près des flammes. Un homme s'assit à côté de lui et le reconnut aussitôt :

– C'est sûr : celui-là était avec lui et d'ailleurs, il est Galiléen.

– Je ne vois pas ce que tu veux dire, fit Simon-Pierre.

L'interrogatoire fini, les gardes se mirent à se moquer de Yeshoua et à le maltraiter. Ils lui avaient recouvert le visage d'un tissu :

– Devine qui t'a frappé ! Allez, fais le prophète, criaient-ils en riant.

Et ils lui crachaient dessus. J'avais honte de voir traiter ainsi un homme qui n'avait fait que le bien autour de lui. Mais pourquoi se laissait-il faire, lui qui était capable de faire marcher les paralysés, de rendre la vue aux aveugles, de ramener les morts du shéol ?

Un troisième homme reconnut Simon-Pierre, il insista. Mais Simon-Pierre nia une troisième fois.

Un coq se mit à chanter. Le jour se levait. Alors Yeshoua dit à son disciple :

– Avant que le coq chante aujourd'hui, tu m'as renié trois fois.

Simon-Pierre partit en pleurant. Les gardes saisirent Yeshoua pour le conduire chez Caïphe.

Un vertige s'empara de moi. J'étouffais. Lorsque je retrouvai mes esprits, je compris que j'étais en colère pour deux raisons. Les voir agir ainsi avec un innocent. Être spectatrice de la lâcheté humaine qui renie l'amitié. À cette colère s'ajoutait de l'étonnement. Pourquoi lui qui pouvait sauver tant de gens ne se sauvait-il pas ? Pourquoi supportait-il une telle humiliation sans rien faire ?

Claudia Procula

Notre résidence était Césarée, mais nous nous rendions à Jérusalem lors des fêtes juives. Mon époux, Ponce Pilate, en tant que préfet de Judée, de Samarie et d'Idumée, était chargé du maintien de l'ordre par le gouverneur Tibère. Il redoutait particulièrement la fête de la Pâque. Elle pouvait être l'occasion pour les Juifs de fomenter une révolte à cause de la commémoration de leur glorieux passé et du nombre très important de pèlerins au Temple à cette période de l'année. En effet, la Pâque remémorait la sortie d'Égypte des Juifs et la libération de leur servitude. De plus, elle rassemblait beaucoup d'hommes, car lors de cette fête, tout Israélite mâle devait se présenter devant l'ÉTERNEL pour offrir un sacrifice au Temple. Enfin, elle durait sept jours. Sept jours durant lesquels tout pouvait arriver, car toutes les conditions d'une sédition étaient réunies. Mon époux se méfait, car, selon lui, les Juifs formaient un peuple à part, difficile à comprendre. Le passé le lui avait appris à ses dépens.

Lors de notre arrivée à Jérusalem, mon époux avait fait accrocher des boucliers, à l'effigie de l'empereur, sur la muraille face au Temple. Pour les Juifs, qui n'admettaient aucune image, cet acte était un blasphème. Les Juifs s'étaient assis devant le palais d'Hérode. Ils s'étaient lamentés, avaient prié, crié pour en demander le retrait : « Violer les lois n'est pas honorer l'empereur. Si tu persistes, nous nous adresserons directement à qui de droit à Rome. Nous sommes exemptés du culte impérial. » Ils avaient obtenu gain de cause. Après une brimade de Tibère,

Pilate avait donné l'ordre de décrocher les boucliers. Lorsque Pilate avait aménagé l'aqueduc qui fournissait l'eau à Jérusalem, il avait puisé dans le trésor du Temple. Ce prélèvement avait déclenché une émeute qu'il avait réprimée durement. Ainsi, à ses yeux, la paix était fragile. Il devait appliquer la loi romaine tout en ménageant leur susceptibilité.

J'avais entendu parler de Yeshoua bien avant son arrivée remarquée à Jérusalem. Des Juifs avaient étendu leurs manteaux et des branches tout le long du chemin qu'il avait parcouru sur un âne pour entrer dans la ville. La foule avait reconnu celui qu'elle attendait. Un fils de David. Un roi. Un prophète. Un Messie qui les délivrerait et rétablirait le royaume d'Israël. Les Juifs avaient appris qu'il avait ressuscité d'entre les morts un dénommé Lazare.

Je ne sais pas qui était cet homme exactement, mais son message et son attitude ne me laissaient pas indifférente. Il ne prônait aucunement la violence, mais l'amour de son prochain et le pardon. Il apportait un nouvel enseignement qui parlait au plus profond de mon cœur. Il se préoccupait des femmes, des veuves, des exclus, des malades avec une grande humilité. Ses paroles transmettaient un message nouveau.

C'est Jeanne, femme de Chouza [47] et disciple de Yeshoua, qui m'avait parlé de lui, pour la première fois. Depuis son retour à Jérusalem, elle s'inquiétait pour sa sécurité : « Des rumeurs inquiétantes circulent. Certains prêtres voient en lui un imposteur, un faux prophète qui se déclare envoyé par l'ÉTERNEL. Ils s'inquiètent que ce diviseur mette en péril l'unité du peuple d'Israël. Il rallie les foules et quelques pharisiens. Certains veulent le neutraliser tandis que d'autres parlent de vérifier sa mission

47. Intendant d'Hérode.

prophétique ou encore de le mettre à mort. Beaucoup portent de faux témoignages. Et en même temps, les propos de Yeshoua nous inquiètent. Il annonce la destruction du Temple, la fin des sacrifices d'expiation, notre persécution en son Nom et dit que l'heure est venue. »

La nuit suivante, je fis un terrible songe sur Yeshoua. Les paroles de Jeanne m'avaient-elles influencée ou était-ce un rêve prémonitoire ?

Le matin même, je recommandai la prudence à mon époux :

– Il est possible que les Juifs veuillent te mêler à leurs affaires à propos d'un des leurs. Il se nomme Yeshoua. J'ai beaucoup entendu parler de lui. C'est un juste…

Je fus interrompue par un messager qui venait avertir Pilate que le Sanhédrin [48] avait déclaré un certain Yeshoua passible de mort. Ses membres l'attendaient dehors pour avoir une confirmation de la sentence afin de le faire exécuter le jour même. Avant le commencement du sabbat.

Pilate, qui connaissait la coutume des Juifs de se tenir dehors afin de ne pas se souiller en rentrant dans la demeure d'un impur, sortit. Sans détours, il s'adressa à eux :

– De quoi l'accusez-vous ?

De l'intérieur, je les entendis l'incriminer de semer du désordre dans la nation, d'empêcher de payer l'impôt et de se dire le roi Messie.

– Jugez-le selon votre loi ! répliqua Pilate.

---

48. Conseil suprême placé sous l'autorité du Grand-prêtre, mais qui n'avait pas le pouvoir de condamner quelqu'un à mort.

– Nous n'avons pas le droit de mettre quelqu'un à mort, répondit le Grand-prêtre.

Pilate reprit la dernière accusation et interpella Yeshoua :

– Es-tu le roi des Juifs ? demanda Pilate.
– C'est toi qui le dis ou est-ce d'autres qui te l'ont dit de moi, répondit Yeshoua.

Alors, Pilate déclara avec prudence qu'il ne trouvait chez cet homme aucun motif de condamnation. Les prêtres insistèrent :

– Il soulève le peuple en enseignant dans tout le pays des Juifs, de la Galilée jusqu'à Jérusalem.
– Est-il Galiléen ? fit Pilate.

Dès que les prêtes l'affirmèrent, Pilate leur fit savoir qu'il relevait alors de l'autorité d'Hérode, tétrarque de Galilée. Les prêtres s'en allèrent trouver Hérode.

Notre surprise fut grande quand nous les vîmes revenir. Je savais que l'absence de défense de Yeshoua perturbait mon époux. En tant que préfet, il avait besoin d'écouter le contradictoire. Mon époux pensait-il que le silence de Yeshoua était une forme d'aveu ? Pourtant, cet homme n'était pas un zélote [49].

– Hérode te fait savoir que tu es le seul habilité à juger en Judée, dirent les prêtres à Pilate.
– J'ai déjà instruit l'affaire. Je n'ai aucun motif de condamnation contre lui. D'ailleurs, Hérode non plus puisque vous revenez vers moi.

---

49. Secte juive qui prônait la révolte contre les Romains.

Loin d'être convaincus par le verdict de l'autorité romaine, les Juifs se mirent à crier :

– Mort à cet homme ! À mort ! À mort !

Je retenais mon souffle et je tendis l'oreille. Pilate allait-il écouter leurs clameurs ?

– Je vais le châtier et le relâcher, proposa Pilate pour mettre fin à ces revendications.

Sa réponse n'était pas celle qu'ils attendaient. Les cris couvraient maintenant la voix de mon époux. Je n'entendais plus rien. Lorsqu'il revint, le visage tendu, je lui demandai sa sentence.

– C'est à n'y rien comprendre. Ils ont préféré la grâce d'un émeutier et meurtrier à celle de Yeshoua. De plus, ils ont demandé la crucifixion réservée à un délit de droit commun. Pas de lapidation qui relève de la religion juive.

Je me taisais. Anéantie. Face à mon silence, mon époux se justifia :

– Je suis innocent du sang de cet homme.

Mon songe avait dit vrai : un juste parmi les justes venait d'être condamné.

Marie de Magdala, l'apôtre des apôtres

Tout ce qu'il avait enduré me comprimait le cœur d'une douleur innommable. J'entendais encore résonner en moi les moqueries adressées au « roi des Juifs » tout au long du chemin qui le menait au plus horrible et au plus dégradant des supplices. Lui, si bon et si juste, dont le royaume n'était pas de ce monde, portait une couronne de rameaux d'arbustes épineux qui pénétrait cruellement dans sa tête. Son visage ruisselait de sueur mêlée à son sang. Les badauds avaient suivi le cortège sur la route de Bethléem tandis que d'autres avaient attendu que Yeshoua et les deux autres condamnés s'engagent vers la colline du Djerab en direction du Golgotha. Yeshoua, épuisé, cruellement meurtri dans sa chair, avait titubé puis était tombé plusieurs fois. Il avait tant de difficulté à porter la croix que les soldats avaient chargé un homme charpenté par le travail des champs de le faire à sa place. Les moqueries avaient accompagné les efforts de Yeshoua pour avancer jusqu'à sa mort : « S'il est le fils de l'ÉTERNEL, alors qu'il le délivre ! »

Sur le lieu du supplice, il fut dépouillé de sa tunique. Son corps était couvert de plaies et d'ecchymoses. Son dos portait la marque des coups de fouet donnés avant le départ vers la crucifixion, fouet de lanières de cuir au bout desquelles étaient cousus des osselets. Puis, il avait été plaqué au sol sur la croix avant d'être encloué, les bras soutenus par des cordes. Les badauds, indifférents à la douleur de Yeshoua, avaient ricané et continué leurs railleries : « Il en a sauvé d'autres. Qu'il se sauve lui-même s'il est le Messie ! Toi qui détruis le Temple et le rebâtis en trois jours, descends de la croix ! ». L'un des malfaiteurs avait fait de même : « Sauve-toi toi-même et nous avec ». De nombreux Juifs s'étaient sentis humiliés en lisant sur l'écriteau cloué sur sa croix « Le roi des Juifs ». Mais d'autres avaient été troublés par le comportement inhabituel du condamné. Il n'avait pas maudit ses bourreaux, mais imploré pour eux le pardon de l'ÉTERNEL. Des questions non formulées se lisaient sur leurs visages : « Avait-on crucifié un juste ? »

Vers midi, les ténèbres avaient remplacé la lumière du jour. La terre avait tremblé. Yeshoua avait expiré. C'était fini. J'avais l'impression que j'avais cessé de respirer. Une douleur s'était mise à taper dans ma tête à la manière d'un pieu. Les soldats avaient brisé les jambes des deux malfaiteurs afin de provoquer rapidement leur mort à cause du sabbat. Ils avaient constaté la mort de Yeshoua, mais par acquit de conscience, l'un des soldats avait percé son côté de sa lance. Ce coup nous avait arraché un cri.

Marie, sa belle-sœur Marie Clopas, Salomé, Jeanne et moi l'avions suivi dans son calvaire. Nos pas dans ses pas. Notre douleur dans la sienne. Yeshoua avait accordé de l'importance aux plus petits d'entre les êtres, aux plus démunis. Il m'avait permis, comme à d'autres femmes qui le servaient, d'écouter sa Parole. Dépassant les exigences de la Loi et tous les préjugés, il avait enseigné aux femmes. Il avait fait passer les femmes de l'ombre à la lumière, de la subordination à la liberté, de l'impureté à la pureté, du silence à la parole, à l'égal des hommes. Sa mort sonnait-elle la fin de sa révélation ? Où étaient ceux qui avaient juré d'être toujours à ses côtés ? Un seul disciple était présent. Tous ceux qui affirmaient vouloir donner leur vie pour lui n'étaient pas au pied de la croix. Pas même Pierre. Dans la synagogue de Capharnaüm, à la suite du départ de certains hommes déçus qu'il ne soit pas le libérateur attendu, Yeshoua avait demandé : « Et vous, ne voulez-vous pas partir ? » Pierre avait répondu : « Seigneur, à qui irions-nous ? Tu as les paroles de la vie éternelle. Et nous, nous avons cru et nous avons reconnu que tu es le Saint de Dieu ». Dans l'épreuve, tous avaient pris la fuite. Par lâcheté, car il ne faisait pas bon d'être Galiléen. Par déception, car certains de ces hommes espéraient que le royaume dont il parlait serait sur cette terre. Ils s'imaginaient occuper une bonne place à ses côtés; or cet espoir s'était évanoui lors de l'arrestation de Yeshoua.

Nous nous étions senties abandonnées, impuissantes. J'avais chassé ces émotions lorsque je m'étais souvenue qu'il avait dit « je ne vous laisserai pas orphelins, je viendrai à vous ». Je me devais de garder confiance en sa parole même au plus éprouvant des moments. Dès que je fus apaisée, l'aide vint de deux membres du Sanhédrin, Joseph d'Arimathie et Nicodème. Ébranlés par l'enseignement de Yeshoua, ils voulaient éviter que le corps de celui-ci fût jeté à la fosse publique.

Joseph d'Arimathie était allé trouver Pilate pour demander son corps. C'était un homme riche et influent, mais juste et bon. Il possédait un jardin, attenant au Golgotha, dans lequel il avait fait creuser un tombeau neuf, à flanc de rocher. Pilate avait accepté que Yeshoua fût enseveli là. Il fallait faire vite. Avant la nuit tombée. Joseph d'Arimathie avait rapporté un long drap de lin dans lequel ses serviteurs avaient enveloppé entièrement Yeshoua. Nicodème avait apporté en grande quantité un mélange de myrrhe et d'aloès. Ils avaient essuyé son visage à l'aide d'un *sudarim* [50].

Nous entourâmes Marie de notre affection pendant le shabbat. Un samedi sans fin, où l'incompréhension côtoyait la douleur. Tout s'était déroulé si vite. Ils avaient accusé puis crucifié cet esprit libre honteusement comme un esclave. Sa mort mettait un terme à tous nos espoirs. Yeshoua n'éclairait plus notre vie. En m'écoutant émettre cette pensée, je me repris. Ma peine m'aveuglait. Sa lumière continuerait d'illuminer mon cœur jusqu'à mon dernier souffle. Il m'avait permis de renouer avec l'Alliance de Dieu. L'absence ne signifierait jamais l'oubli.

Le sommeil nous avait fuies. Nous reposer s'était révélé impossible. Si bien qu'au petit matin du premier jour de la semaine[51], je me rendis au tombeau avec les autres femmes. Nous marchions en silence. Le cœur lourd et chamboulé. La tête emplie des images de sa souffrance et de son agonie. Chacune à notre manière, les yeux tournés vers notre intériorité, nous lui rendions hommage.

Je ne peux pas mettre de mots sur les sentiments qui nous traversèrent lorsque nous vîmes que la pierre destinée à fermer le tombeau était roulée sur le côté. Notre stupéfaction était si grande qu'il nous était impossible d'exprimer quoi que ce soit. La pierre avait été scellée et le tombeau soigneusement surveillé par des gardes. Que s'était-il passé ? Je me pliai en deux pour pénétrer à l'intérieur. Je descendis les marches pour accéder à la tombe. Ce que je découvris me bouleversa plus encore. Le corps de Yeshoua avait disparu.

Je courus jusqu'à la maison de Simon-Pierre :

– Il n'est plus dans le tombeau, fis-je essoufflée.

---

50. Suaire.

51. Pour nous le dimanche.

– Comment cela, plus dans le tombeau ? répondit Pierre interloqué.

Je vis aussitôt qu'il me jugeait en plein délire à cause de ma peine. Il ne me croyait pas.

– On a enlevé le SEIGNEUR de son tombeau et nous ne savons pas où on l'a mis, répétais-je pour me faire entendre.

– Cela ne veut rien dire ! Ce sont des sornettes de bonne femme. Il faut plusieurs hommes pour déplacer la pierre.

Mais quelque chose en lui fut touché. Car dès qu'il eut fini sa phrase, il partit en courant suivi d'un autre disciple. Lorsque j'arrivai au tombeau, je vis les deux hommes déconcertés. À la place du corps de Yeshoua, Simon-Pierre avait trouvé ce que j'avais vu avant lui : les bandelettes de lin et le linge qui avait recouvert sa tête, roulé à part. Le tout, disposé comme s'il recouvrait encore son corps.

Je restais seule à pleurer sur le vide du tombeau. Qui avait pris son corps ? Pour quelles raisons ? À travers l'ouverture, j'aperçus comme un halo de lumière dans la nuit du tombeau. Je me penchai. Deux silhouettes vêtues de blanc immaculé se tenaient là où reposait auparavant le corps de Yeshoua. L'un à la tête, l'autre aux pieds. Ils me dirent : « Pourquoi pleures-tu ? ». Tandis que je leur répondais qu'on avait enlevé mon maître, je me retournai. À travers mes larmes, je crus voir le gardien du jardin qui me demanda : « Qui cherches-tu ? ».

– Si c'est toi qui l'as emporté, dis-moi où tu l'as mis et moi j'irai le reprendre, lançais-je désespérée de l'avoir perdu une deuxième fois.

– Marie.

À l'écoute de mon prénom, prononcé de cette tonalité si familière, je reconnus Yeshoua.

– Rabbouni [52] ! criai-je à l'appel de cette intimité retrouvée.

Je m'approchai pour aller vers lui et le serrer dans mes bras lorsqu'il m'arrêta dans mon élan :

– Ne me retiens pas, car je ne suis pas encore allé rejoindre le Père. Va plutôt vers mes frères pour leur dire que je monte vers mon Père, votre Père. Vers mon Dieu, votre Dieu.

Je fus déçue, pourtant il ne m'avait pas repoussée. Dans ma joie de le retrouver, je m'étais précipitée avec impatience. Il devait d'abord monter aux cieux. J'accueillis le fait que l'absence du toucher n'était pas un frein à la certitude que c'était bien lui qui se tenait en face de moi. Je laissai derrière moi ce monde physique pour goûter l'instant précieux de cette rencontre. J'entrai dans une autre sorte de conscience où il n'y avait ni corps, ni lieu, ni temps. Mon cœur s'ouvrit à cette autre dimension, fermée aux sensations et à l'intelligence. Je ressentis un subtil passage. Sa présence jusqu'alors extérieure à moi se fit intérieure. Son amour me possédait entièrement et le mien se dissolvait comme le sel dans l'eau. Au-delà de sa mort, Yeshoua vivait en moi.

Mes pas, désormais plus légers, me portèrent vers les disciples. Yeshoua m'avait investie d'un nouveau rôle. Il attendait de moi que je sois l'apôtre des apôtres.

---

52. Très cher Maître, mon rabbin bien-aimé.

– J'ai vu le SEIGNEUR, voilà ce qu'il m'a dit, criais-je de joie en les retrouvant affligés par sa disparition.

Le soir même, nous étions tous réunis. Pas tous. Il manquait Thomas. Les disciples verrouillèrent les portes par crainte d'être accusés de la disparition du corps de Yeshoua. Entre scepticisme et espérance, les disciples discutaient du tombeau vide lorsque Yeshoua vint au milieu de nous. Son apparition soudaine bouleversa toutes les convictions et les incertitudes qui habitaient le cœur de ses disciples. Il était là. Je n'avais pas été victime d'une hallucination contrairement aux sous-entendus de Simon-Pierre. Il était là, parmi nous. Nous fûmes pris d'un saisissement de corps et d'esprit. Sa présence parmi nous déclencha une brassée d'émotions indescriptibles. Il les perçut et nous dit :

– La paix soit avec vous.

Chacun reconnut sa voix. Mais Yeshoua nous connaissait bien plus que nous-mêmes. Le mental humain voulait des preuves, car il s'interrogeait : Yeshoua était-il vraiment mort lorsqu'on l'avait déposé de la croix ? Était-il possible de survivre à un coup de lance en plein cœur ? Si le mort s'était réveillé, pourquoi était-il parti nu ? C'est en silence qu'il répondit à nos interrogations muettes. Il nous montra ses poignets transpercés par les clous et son côté frappé par la lance. Ainsi, il apportait la preuve matérielle qu'il était bien celui qui avait été condamné, crucifié et ressuscité. Il était là comme il nous l'avait annoncé. Les visages des hommes qui m'entouraient exprimaient pour certains la terreur, l'incrédulité, pour d'autres la culpabilité de l'avoir abandonné, de l'avoir trahi, de ne pas avoir cru en lui, de ne pas avoir compris son message. Yeshoua, loin de faire des reproches, répéta :

– Que ma paix soit engendrée et s'accomplisse en vous. De même que le Père m'a envoyé, moi aussi, je vous envoie.

Sa voix apaisa les cœurs honteux et terrifiés. Son souffle envoya l'Esprit pour nous éclairer et nous ouvrir à une vision plus large que la nôtre. Nous nous laissâmes traverser par cet esprit nouveau. Alors, les pensées tumultueuses qui s'agitaient à la manière d'une violente tempête de questions insolubles cessèrent aussitôt. « Bienheureux les pauvres d'esprit » avait-il dit autrefois. Désormais, nous vivions ses mots. Le mental apaisé, ses démons chassés, nous fûmes en paix.

Soudain, nos cœurs s'emplirent d'un amour incommensurable. Et nous comprîmes le sens de : « Bienheureux les cœurs purs, ils verront Dieu ». Cet amour déborda de nous et se répandit dans l'atmosphère enveloppant le monde visible et invisible. Il était dans l'air que nous inspirions, dans l'air que nous expirions. Il était mouvement. De cet Esprit, de cette conscience animée d'une intention d'amour, jadis, la vie avait jailli. Dans cette communion des cœurs, je pouvais ressentir ce que chacun vivait dans son intimité.

– En marche ! Annoncez l'évangile du royaume. N'ajoutez aucune règle à la loi de l'amour dont j'ai fait preuve ni de lois à celles de celui qui a donné la Torah. Veillez à ce que personne ne vous égare, car c'est à l'intérieur de vous qu'est le Fils de l'homme. Allez à lui, ceux qui le cherchent le trouvent, nous signifia Yeshoua avant de nous laisser.

Dès qu'il fut parti, les hommes exprimèrent leur impuissance :

– Comment se rendre chez les païens et annoncer l'évangile du royaume ? Ils ne l'ont pas épargné, pourquoi nous épargneraient-ils ?

Je me levai pour prendre la parole et les encourager. Après ce que nous venions de vivre en sa présence, il était temps de changer :

– Ne doutez pas, car il vous accompagnera et vous protègera. Le fils de l'homme nous a préparés. Il nous invite à nous mettre en marche, quels que soient les obstacles rencontrés sur le chemin.

Pierre prit la parole pour s'adresser à moi :

– Dis-nous les paroles qu'il t'a dites et dont nous n'avons pas la connaissance.

Je fus surprise par sa question, car nos rapports n'avaient pas toujours été harmonieux. Il n'admettait pas qu'une femme puisse s'exprimer à la manière d'un homme. De plus, il me percevait comme une rivale dans l'amour de Yeshoua. Il m'était difficile de raconter l'expérience merveilleuse que j'avais vécue. Je craignais que mes mots la réduisent et qu'ils soient mal compris par ceux qui les écoutaient. Mais la demande de Pierre devait être entendue. Je dépassai mon hésitation. Je leur narrai ma vision sur le voyage de l'âme [53] avant d'atteindre le Sauveur.

Et j'ajoutai :

---

53. L'évangile de Marie, évangile apocryphe rejeté par le Canon, mais considéré comme Écriture sainte par d'autres Églises.

– Revenu d'entre les morts, Yeshoua a déployé en moi un espace infiniment grand qui rejoint l'infiniment petit, où la vie et la mort forment un tout, au-delà du temps. J'ai vu que le chemin de l'Être qui mène au Royaume des Cieux doit être parcouru par notre être profond pour arriver à la complétude. Dans chaque cœur se tient la possibilité d'un amour qui unit tout, l'amour de soi, l'amour des autres, l'amour de Dieu. Ce chemin vers l'ouverture du cœur mène à l'unité intérieure. C'est la Bonne Nouvelle que nous devons désormais annoncer. Un chemin sur lequel chacun peut s'engager pour renouer avec sa nature divine. Oui, le royaume du Père s'étend sur la terre comme Yeshoua l'a affirmé, mais les hommes ne le voient pas. En se séparant de la Source, l'être humain crée le manque et la peur. Désormais, sa soif appelle la Source. Par l'Esprit, chaque être peut se reconnecter à la Source, Père-Mère. Cette source est la source jaillissante de la vie éternelle, l'eau vive qu'a offerte Yeshoua à l'humanité. Dans l'être accompli, il n'y a plus de séparation, plus de dualité. L'être accompli a réconcilié sa part masculine et féminine pour parvenir à l'entièreté. Nous sommes Un, Un en lui et Un avec lui comme il est Un avec Son Père et l'Esprit. « Bienheureuse, toi qui ne te troubles pas à ma vue, qui sais voir et écouter au-delà du visible, là est le trésor », m'avait alors dit Yeshoua.

Je venais juste de terminer, qu'André réagit :

– Je ne crois pas que Yeshoua ait parlé ainsi. Ces pensées diffèrent de celles que nous avons connues.

Il jugeait mes propos subversifs. Je n'eus pas le temps de me justifier que Pierre ajouta :

– Est-il possible que Yeshoua se soit entretenu avec une femme sur des sujets que nous ignorons ? Devons-nous écouter cette femme ? L'a-t-il vraiment choisie et préférée à nous ?

Par le passé, les douze avaient voulu des signes visibles pour croire en l'enseignement de Yeshoua. Il leur avait répondu que « ce qui t'est caché te sera dévoilé, car il n'y a rien de caché qui ne se manifestera ». J'aurais aimé leur rappeler, mais Lévi me devança :

– Pierre, ne t'emporte pas ! Si Yeshoua l'a rendue digne d'écouter sa parole, qui es-tu pour la rejeter ? Assurément, Yeshoua l'a aimée plus que nous. Devenons cet Être que nous avons perçu tout à l'heure par le regard du cœur. Laissons-le prendre racine en nous. Partons annoncer l'Évangile !

Dès que Lévi eut fini de prendre ma défense, nous partîmes annoncer l'Évangile. Nous avions reçu Sa Parole, nous devions la transmettre au plus grand nombre et au plus loin. Je formais le vœu que son message ne soit jamais déformé et que le temps n'annule pas la place de la femme aux côtés de l'homme en lui redonnant exclusivement la parole.

Dépôt légal : octobre 2021 N° imprimeur : 102170246-02

Imprimé en France par Présence Graphique - Monts.